Schirner Verlag

ALDO BERTI

Ich liebe dich! – Lebe!

Heilung durch ein Leben in Liebe

Schirner Verlag

ISBN 978-3-8434-1120-2

Aldo Berti:
Ich liebe dich! – Lebe!
Heilung durch ein Leben in Liebe

Umschlag: Murat Karaçay, Schirner,
unter Verwendung von # 36708540
(Warren Goldswain), www.fotolia.de
Satz: Simone Fleck, Schirner
Grafiken: Simone Fleck und
Murat Karaçay, Schirner, unter
Verwendung einer Vorlage von Aldo Berti
Redaktion: Sarah Neumann, Schirner
Lektorat: Elena Raulf
Printed by: OURDASdruckt!, Celle,
Germany

www.schirner.com
1. Auflage September 2013

WIDMUNG

Ich widme dieses Buch meinen Kindern und Enkeln. Mögen sie stellvertretend genannt sein für alle Kinder dieser Welt, die in diese Neue Zeit geboren wurden. Eine Zeit, die geprägt sein sollte von dem Wissen: Ich bin wertvoll und wichtig, und es geht nicht ohne die anderen und nur mit großem Respekt vor deren Individualität!

Ich wünsche ihnen, dass sie die Liebe, die ich ihnen und allen Menschen, mit denen ich in Kontakt kam, zu geben versucht habe, spüren und in ihrem Leben weitergeben.

DANKE

Danke sagen möchte ich allen, die mich zu diesem Buch inspiriert und ermutigt haben.

Lieber Leser, ich habe in meinem Buch die persönliche Anrede »du« gewählt, da die Seele »Sie« nicht kennt. So biete ich auch im persönlichen Umgang gerne das Du an und bitte darum, mit dem Du genauso achtsam umzugehen wie mit dem Sie.

» Gesundheit
ist weniger ein Zustand
als eine Haltung –
und sie gedeiht mit der
Freude am Leben.«

Thomas von Aquin

Einführung

Ich liebe dich! – Lebe! Unzählige Male habe ich diesen Satz in meinen Behandlungen laut oder in Gedanken gesprochen, und ich staune immer wieder und freue mich, wie diese einfachen Worte es schaffen, die Seele eines Menschen zu berühren. Ich selbst habe ihn vor vielen Jahren gesagt bekommen, und seither begleitet er mich nicht nur in meiner Arbeit, sondern auch persönlich. Es ist der Satz der ultimativen Ermutigung! Und so möchte ich dieses Buch auch verstanden wissen: als Ermutigung.

Ich liebe dich! – Lebe! Das heißt: Lebe dein Leben hier auf Erden, lasse dich von den vielen Widrigkeiten, die dir auf deinem Weg begegnen, nicht entmutigen. Das heißt aber auch: Entdecke und bewahre dir deine Lebendigkeit, entdecke und bewahre dir deine Liebe zum Leben, zu anderen Menschen, zu dir selbst.

UND SO SOLL DIESES BUCH VOR ALLEM EINES SEIN: EINE ERMUTIGUNG ZUR LIEBE.

Auf das Kapitel »Was kann ich für mich selbst tun?« meines ersten Buches »Geistheilung und Energiearbeit« wurde ich immer wieder angesprochen, und so entwickelte sich aus diesem Kapitel das vorliegende Buch. Im Vordergrund steht nicht die Liebe zu anderen, sondern die Liebe zu mir selbst, oder besser gesagt: das Entdecken der Liebe in mir, die das Gegenteil von Selbstsucht und Egoismus ist. Insofern bezieht sich auch der Untertitel dieses Buches – »Heilung durch ein Leben in Liebe« – im Wesentlichen nicht auf die Heilung anderer, sondern auf die Heilung oder das Heilwerden meiner selbst, was wiederum eine Bedingung der Heilungsarbeit ist.

Bestimmt kennt jeder den berühmten Ausspruch von Jesus Christus: »Du sollst deinen Nächsten lieben wie dich selbst.« Die Bedeutung der gesunden Selbstliebe wurde also schon früh formuliert – allerdings auch oft genug unterschlagen. Bei manchen gilt es nach wie vor, teilweise sicherlich auch aus einem Missverständnis heraus, als moralisch verwerflich, sich selbst zu achten und zu lieben. Dabei ist wahrhaftige Nächstenliebe und damit auch die Heilung anderer nur aufgrund einer soliden Basis an Selbstliebe möglich! Bevor man sich also aufmacht, »ein Heiler« werden zu wollen, sollte man sich, wie ich oben schon sagte, zuerst und/oder parallel dazu um sich selbst kümmern. Diese Verantwortung hat man nicht nur der Umwelt, sondern auch sich selbst gegenüber.

»Du sollst deinen Nächsten lieben wie dich selbst« ist aber auch ein religiöses Dogma, an dem schon viele aufrichtig Suchende gescheitert sind und das auf diese Weise einiges an Schaden angerichtet hat. Anders gesagt: Man möchte ja gerne lieben, sich selbst und andere, aber wie macht man das? Dieses Buch möchte hierzu eine Anleitung geben. Die zahlreichen Übungen, die sich in der Praxis zum Teil schon sehr gut bewährt haben, wie mir von Patienten und Schülern berichtet wurde, sollen dazu anregen, sich nach innen zu wenden und an sich selbst zu arbeiten.

Ich kann nicht oft genug betonen, wie wichtig diese Arbeit ist – um zu Liebe zu gelangen, zu Verständnis und zu Erkenntnis und um ein zufriedenerer und glücklicherer Mensch zu sein. Immer wieder müssen wir unser Denken, unser Handeln überprüfen und infrage stellen. Das ist oft unbequem und schmerzhaft, aber unumgänglich. Wahrhaftigkeit, in erster Linie sich selbst gegenüber, ist eine unabdingbare Voraussetzung für die persönliche Selbstbefreiung!

Ein weitverbreitetes Missverständnis ist der Glaube, man habe irgendwann einen Punkt erreicht, an dem diese Arbeit nicht mehr notwendig ist. Oder man denkt: Wenn ich mich selbst nur liebe, dann habe ich nie wieder Probleme. Das ist Unsinn. Es werden immer wieder neue Herausforderungen auf uns zukommen, die uns zur inneren Auseinandersetzung drängen. Es bleibt ein lebenslanges Bemühen.

Wir werden aber auch reich entlohnt und entdecken, dass wir uns unserem Ziel, der Liebe, immer mehr annähern. Die vielleicht wichtigste Erkenntnis auf diesem Weg ist die, dass diese Liebe, die wir so sehnsüchtig begehren, bereits in uns ist. Je deutlicher wir dies erkennen, desto weniger abhängig werden wir von der Liebe und Anerkennung anderer. Der Gedanke, dass wir die Liebe und Anerkennung anderer gar nicht mehr brauchen, ist hingegen ein spirituelles Ideal, vor dem ich nur warnen kann. Für die meisten von uns bleibt es unerreicht, und es gehört auch zur Selbstakzeptanz, sich sein Bedürfnis nach der Liebe anderer einzugestehen.

Auf unserem Weg zu uns selbst werden wir irgendwann eine weitere wichtige Erkenntnis haben, nämlich die, dass diese Liebe in uns Gott ist. Wenn wir uns also der Liebe annähern, nähern wir uns auch Gott an. Und: Alle Liebe kommt von ihm, ist ER.

Diese Annäherung, die das eigentliche, tiefere Ziel jeder menschlichen Existenz ist, erreichen wir nur, indem wir unser Herz öffnen. Das sollte unser permanentes Bestreben sein, in jeder Situation, in jedem Abschnitt unseres Lebens, täglich.

Im Erleben der unbedingten Liebe, die Gott ist, werden wir dann – und sei es nur in wenigen kostbaren Augenblicken – eine mit Worten nicht zu beschreibende innere Erlösung und Befreiung erfahren, ein Glück, das, auch wenn es sich uns wieder entzieht, nachwirken wird. Geradezu zwangsläufig wird dies auch positiven Einfluss auf unsere Mitmenschen haben. Sie werden an diesem Glück teilhaben, sich von dieser Liebe anstecken lassen wollen. Und unsere

Selbsterlösung wird auf diese Weise zur Erlösung anderer beitragen und diese Erde zu einem besseren Ort machen.

Heilung – sowohl meiner selbst als auch der anderen – geschieht jetzt beinahe unwillkürlich. Sie ist die Folge dieses inneren Erlebens.

Es bleibt uns überlassen, ob wir die freigesetzten Kräfte professionalisieren und uns in der Heilkunst üben, oder ob wir weiter ausschließlich für uns, an uns arbeiten. Fest steht: Jeder, der liebt, ist ein Heiler, denn Heilung geschieht durch Liebe.

Auch hierbei sollten wir uns nicht unter Druck setzen und von uns erwarten, phänomenale Heilungserfolge zu erzielen. Die Hauptsache ist, dass wir uns überhaupt auf den Weg machen und unser Ziel nicht aus den Augen verlieren: die unbedingte Liebe, die das Geheimnis von Heilung und eines glücklichen Lebens ist.

In diesem Sinne wünsche ich dir, lieber Leser, viel Mut auf diesem Weg zu dir selbst.

Dein Aldo Berti

Meine Geschichte

ANFÄNGE

Geboren wurde ich im Jahr 1964 im Norden Deutschlands. Mein Zuhause war umgeben von Bauernhöfen, Natur, vielen Tieren, und ich lebte gemeinsam mit meinen zwei Schwestern, meinen Eltern und meinen Großeltern in einer »Flüchtlingssiedlung«. Meine Großmutter war mit ihren fünf Kindern im Zweiten Weltkrieg mit Pferd und Wagen aus Rumänien geflüchtet. Mein Großvater hatte im Krieg gekämpft und war später nachgekommen. Meine ganze Familie war sehr katholisch! Wenn ich »sehr katholisch« sage, dann wissen viele Leser vielleicht nicht, was ich meine. Nur ein Beispiel: Als mein Vater meine Mutter, die evangelisch war, heiraten wollte, kam der katholische Pfarrer ins Haus meiner Großeltern und erniedrigte und demütigte die beiden, weil sie diese Schande durch ihren Sohn zuließen. Meine Großeltern hatten, wie so viele Menschen, große Angst vor der Strafe Gottes. Der Mensch, so lernte ich, war nur ein unwerter, armer Sünder und auf die Gnade Gottes angewiesen. Nur der Katholik war ein legitimer Christ, erfuhr ich außerdem. Meine Mutter konvertierte notgedrungen und wurde zur Katholikin. Es ist furchtbar, wenn Kinder auf diese Weise mit Gott konfrontiert werden.

Wenn ein Kind auf die Welt kommt, hat es noch eine sehr gute Erinnerung an die geistige Welt. Es kommt ja gerade aus ihr und hat eine sehr offene Beziehung zum Transzendenten. Wenn wir ihm einen Gott vorsetzen, den es so sicher nicht kennengelernt hat, dann verletzt das sein Selbstwertgefühl und sein Selbstvertrauen. Kinder brauchen Liebe, Sicherheit und auch einen Rahmen, in dem sie sich entwickeln können. Sie wollen ernst genommen und gefördert werden, sich aber nicht durch Ideologien begrenzen lassen. Mir machte dieser strenge, strafende Gott unglaubliche Angst. Dazu trug auch die Symbolik der katholischen Messe bei. Ich erinnere mich an eine Situation in der Kirche, in der ich unglaubliche Angst hatte und fast während des gesamten Gottesdienstes geweint habe.

Ab einem bestimmten Alter saßen Kinder während der Messe nicht mehr bei ihren Eltern in einer hinteren Reihe, sondern mussten nach vorne, in die ersten Reihen. Ich war etwa 5 oder 6 Jahre alt und saß das erste Mal allein mit anderen Kindern in der ersten Reihe. Nun waren der bedrohliche, strenge Gottvater und sein gequälter, leidender Sohn nur noch wenige Meter von mir entfernt und nicht, wie gewohnt, irgendwo weit weg im Himmel.

Eine unglaubliche Angst und starke Fluchtimpulse überkamen mich. Als ich mich umblickte, um zu schauen, ob ich vielleicht in die schützende Obhut meiner Familie zurückkehren könnte, wurde ich aufgefordert, »nach vorn zum Herrgott« zu blicken und mich nicht so »anzustellen«. Als dann der Priester noch vom »Leib und Blut« Jesus Christi sprach und dabei die Hostie und den Kelch in die Höhe hielt, stieg meine Panik ins Unermessliche. Ich wusste ja, dass gleich alle gläubigen Erwachsenen nach vorne zum Altar gehen und diesen »Leib Christi« entweder in die Hand gelegt oder in den Mund geschoben bekommen würden. Die Kinder blieben in ihren Bänken, der Priester kam zu ihnen, und jeder, der schon die Erstkommunion erhalten hatte, bekam etwas vom »Leib Christi«. Mir war nicht klar, dass ich davon noch nichts essen musste, da ich ja noch nicht zur Erstkommunion gegangen war. Die Angst, der Priester würde gleich zu mir kommen und ich müsste das rohe Fleisch von Jesus Christus essen, ließ mich weinen und zittern. Ich konnte mich erst beruhigen, als der Priester alle Kinder, die infrage kamen, versorgt hatte und der Kelch, im wahrsten Sinne des Wortes, an mir vorübergegangen war. Für meine Angst wurde ich allerdings nur ausgelacht und verspottet.

Diese und viele weitere Erlebnisse und Verhaltensweisen in der Kirchengemeinde führten dazu, dass ich mich irgendwann von der Kirche abwandte und der Überzeugung war, dass alles, was mir dort vorgespielt wurde, im Wesentlichen Heuchelei war. Ich dachte einige Jahre, ich sei Atheist. Glücklicherweise lernte ich im späteren Leben noch den wahrhaftigen Gott, der ein Gott der Liebe ist, kennen. Er hat mir durch bestimmte Ereignisse in meinem Leben seine Existenz bewiesen.

Heute bin ich ein religiöser Mensch, ohne an eine Konfession oder an die Kirche gebunden zu sein. Alle Religionen suchen und streben in ihrem Ursprung nach Nächstenliebe, Toleranz und Frieden. Somit kann ich keine Religion über die andere stellen! Alle können den Menschen veredeln oder ihn durch Missinterpretation verblenden.

1971, ich war sieben Jahre alt und mein Elternhaus befand sich gegenüber einer Schuhmaschinenfabrik an einer damals nicht sehr befahrenen Straße, passierte das, was ich heute als den Beginn meiner späteren Entwicklung ansehe: Ich stand mit meiner Mutter und meiner jüngeren Schwester an unserem Gartenzaun und winkte einer Tante nach, die uns mit ihrem VW-Käfer von einem Nachmittagsbesuch nach Hause gebracht hatte. Sie bog am Ende unserer Straße auf die Hauptstraße ab, und ich erinnere mich, dass ich einen anderen Käfer auf der Straße bemerkte, der in unsere Richtung fuhr ...

Im nächsten Moment schwebte ich an der Decke eines Krankenwagens und schaute meiner Großmutter zu, die neben einer Trage im Krankenwagen saß und die Hand eines Menschen hielt, der so aussah wie ich!

»Oma, ich hab dich so lieb«, sprach ich von meiner luftigen Position aus. Ich fühlte mich leicht, glücklich und rundherum wohl. Verwundert war ich nur über die Tatsache, dass dieser Mensch da auf der Trage mir so ähnlich sah. Meinem Wohlgefühl tat das in dem

Moment aber keinen Abbruch. Auf einmal hörte ich eine Stimme, die ruhig, warm und kraftvoll zu mir sagte:

»ICH LIEBE DICH! – LEBE!«

Dann erfasste mich ein starker Sog, ich wollte nicht, musste aber an die »Oberfläche« und machte die Augen auf. Ich wachte in einem Bett im Krankenhaus auf. Allein. Ich war durch den Unfall – der Wagen war direkt in unsere kleine Gruppe hineingefahren – schwer verletzt worden.

Dieses »Ich liebe dich! – Lebe!« sollte ich in meinem späteren Leben noch einmal hören, und es sollte mein Leben von Grund auf verändern. Doch dazu später mehr.

Damals, als Kind, schenkte ich dem Ganzen aber noch keine besondere Beachtung. Auch konnte ich noch nicht erfassen, was da mit mir passiert war.

Es zog mich früh aus dem strenggläubigen Elternhaus, und ich machte zunächst eine Ausbildung im Gastgewerbe in Krefeld. Ich hatte das Gefühl, dass ich es von dort aus schaffen würde, in die »weite Welt« zu kommen. In dieser Zeit kellnerte ich auf einer Weihnachtsfeier, wo ich einen Opernsänger live singen hörte und auf der Stelle fasziniert war. Mit dieser Welt der Musik hatte ich noch nie Kontakt gehabt. Seit diesem Erlebnis spürte ich einen starken

Wunsch zu singen in mir und bat diesen Sänger um Gesangsstunden. Nach drei Monaten empfahl mich der Sänger, der hauptberuflich Autohändler war, an einen Profi am Krefelder Stadttheater weiter.

Dort begegnete ich zum ersten Mal meinem späteren Lehrer Andreas. Damals konnte ich noch nicht ahnen, was für eine wichtige Rolle er einmal in meinem Leben spielen sollte.

Eineinhalb Jahre lang hatte ich bei ihm ein bis zwei Mal in der Woche Gesangsunterricht. Parallel dazu nahm ich Schauspielunterricht in Düsseldorf. Nach einiger Zeit des Unterrichts bei Andreas empfahl er mich weiter. Ich sollte an eine Hochschule gehen, um mich weiter ausbilden zu lassen. So sang ich am Mozarteum Salzburg vor und wurde angenommen. Wie aber sollte ich das Studium finanzieren?

Wieder einmal bekam ich ein Zeichen aus der geistigen Welt. Wenige Wochen bevor ich meine Stelle in dem Krefelder Restaurant kündigen wollte, um nach Salzburg zu gehen, kam ich mit einem Gast über meine berufliche Perspektive ins Gespräch. Zu meiner großen Überraschung bot er mir ein Stipendium an, damit ich unbelasteter studieren konnte!

Es war wie ein Traum, und ich nahm es als ein Zeichen des Himmels, dass meine Entscheidung, an die Bühne zu gehen, richtig gewesen war.

Dieser Mentor unterstützte mich einige Jahre, und ich werde ihm bis zu meinem Lebensende dafür dankbar sein! Leider habe ich ihn sehr enttäuscht, als ich meinem Ruf zum Heilen folgte und die Bühne verließ. Ich bedaure, dass er mich in dem Punkt nie verstanden hat und unser Kontakt dadurch abgebrochen ist. Er ist und bleibt immer in meinem dankbaren Herzen!

Ich ging also nach Salzburg und ließ mich dort weiter ausbilden. Meine Eltern und mein ganzes Umfeld hielten mich für verrückt. Ich ließ mich nicht abhalten und ging, meinem Ruf folgend, meinen Weg. Ich wusste, ich musste auf die Bühne, sonst wollte ich sterben!

Sehr bald bekam ich ein Engagement am Salzburger Landestheater und konnte so meine Ausbildung zusätzlich gut finanzieren. Als Student in Salzburg hatte ich das Glück und das Privileg, während der Salzburger Festspiele mit meinen Kommilitonen den Wiener Staatsopernchor zu ergänzen. So hatte ich unter anderem die Ehre, die letzten zehn Tage im Leben des Dirigentengenies Herbert von Karajan mitzuerleben. Wir probten »Un ballo in maschera« von Giuseppe Verdi in einer wunderbaren Besetzung. So wirkten z. B. der große Tenor Placido Domingo und der berühmte Bariton Leo Nucci in dieser Produktion mit. Kannst du, lieber Leser, dir vorstellen, wie beeindruckt, fasziniert und ergriffen ich war, mit diesen Meistern auf der Bühne stehen zu dürfen? Dass ich überhaupt einen Ton singen konnte, war schon wie ein Wunder ... Nachdem Karajan am 16. Juli 1989 gestorben war, übernahm der mittlerweile leider ebenfalls verstorbene Sir Georg Solti das Dirigat.

Während einer Sommerakademie am Mozarteum lernte ich die damals 76-jährige Gesangsprofessorin Iris Adami Corradetti kennen. Sie war eine sehr berühmte Professorin, die unter anderem Katja Ricciarelli und José Carreras als Schüler gehabt hatte. Sie hatte 1927 an der Mailänder Scala debütiert und war bis 1946 ein Superstar gewesen, wie man heute sagen würde.

Ich ging zu ihr zum Studium nach Padua. Als ich sie dort zum ersten Mal aufsuchte, lag sie mit einer schweren Bronchitis im Bett. Nachdem ich ihr die Hand zur Begrüßung gegeben hatte, nahm sie sie mit beiden Händen, schaute sie an und sagte mir: »Aldo, hai le mani curanti. Mettimele su!« Das bedeutet auf Deutsch: »Aldo, du hast heilende Hände. Leg sie mir auf!«

Ich hatte große Ehrfurcht vor der Maestra und folgte daher ihrer Aufforderung. Nachdem ich meine zittrigen Hände auf ihr Brustbein gelegt hatte, konnte sie nach kurzer Zeit stark abhusten. Das war ihr zuvor noch nicht möglich gewesen. Der Schleim löste sich zunehmend. Wir wiederholten die gleiche Prozedur in den nächsten Tagen für jeweils etwa zehn Minuten. Jedes Mal reagierte sie ähnlich wie beim ersten Mal. Nach einer Woche stand sie auf und war gesund. Sie lebte dann noch viele Jahre, bis sie im Alter von 96 Jahren diese Welt verließ.

Ich hatte von »heilenden Händen« noch nie in meinem Leben etwas gehört, geschweige denn mich damit beschäftigt. Zunächst ging ich sehr spielerisch damit um. Es faszinierte mich, was ich bewirken konnte, und ich experimentierte ein wenig. Es kam vor, dass kaputte Uhren wieder liefen, wenn ich sie in meine Hände nahm. Wenn Kollegen Kopfschmerzen hatten, legte ich ihnen die Hände auf, und die Schmerzen verschwanden. Zunächst hinterfragte ich nicht, was da passierte, es amüsierte mich eher, und ich arbeitete weiter als Sänger. Diese »eigenartige« Gabe ließ mich aber nicht ruhen und drängte sich in bestimmten Situationen immer wieder in mein Leben. In dieser Zeit verschwendete ich aber keinen Gedanken daran, dass sie mich später zu meiner wahren Berufung führen würde. Ich hatte Engagements und war glücklich in der Welt der Oper und des Theaters.

Irgendwann führte mich mein Schicksal wieder mit meinem ersten Gesangslehrer Andreas zusammen. Ich wurde am Kasseler Staatstheater engagiert, wo er festes Ensemblemitglied war, und dort entwickelte sich eine sehr tiefe Freundschaft. Er war wie ein Vater für mich, ich war für ihn und seine Frau – ihre Ehe war kinderlos geblieben – wie ein Sohn.

Mein Engagement endete im Sommer 1993, und ich zog nach Lausanne in die Schweiz.

Im Januar 1994 erhielt ich einen Anruf von der Frau meines Freundes. Sie teilte mir mit, dass man Andreas gerade vom Krankenhaus zum Sterben nach Hause gebracht hatte. Man habe ihn einfach in seinen Sessel gesetzt, und sie wisse nicht, wie es weitergehen solle.

Lieber Leser, du musst dir vorstellen, Andreas war durch eine Spritzenpumpe, die kontinuierlich Narkosemittel fein dosiert in die Vene abgibt, vom Zwerchfell an künstlich gelähmt, um die Schmerzen ertragen zu können. Man hatte ihn wirklich einfach in seinem Sessel abgesetzt und seine Frau ohne jede Unterstützung alleingelassen.

Andreas hatte mir in den vergangenen Monaten das Ausmaß seiner Krankheit verschwiegen. Nun erfuhr ich erst, dass er, mein »Vater«, Darmkrebs im Endstadium hatte. Ich zögerte keine Sekunde und machte mich sofort auf den Weg nach Kassel. Als ich ihn sah, beschloss ich, dass ich so lange bleiben würde, wie es nötig wäre. Wir organisierten ein Krankenbett, das wir im Wohnzimmer so aufstellten, dass Andreas aus seinem Fenster die Herkules-Statue auf der Wilhelmshöhe gut sehen konnte. Ich erwähne dies, weil er immer wieder sagte, was für eine gute Kraft dieser Anblick ihm gebe. Auf dem Ledersofa neben seinem Krankenbett richtete ich mein Nachtlager ein. Dieses Sofa habe ich noch heute, es hat für mich einen ganz besonderen persönlichen Wert.

Zusammen mit Andreas' Frau und einer Freundin der Familie pflegte ich Andreas rund um die Uhr.

Er kannte die Begebenheit mit Signora Corradetti und fragte mich, ob ich ihm nicht auch die Hände auflegen könne. Ich hatte mich lange nicht mehr damit beschäftigt und gar nicht daran gedacht, meine Gabe bei Andreas anzuwenden, und war fast überrascht, dass er diese Frage stellte. Natürlich hatte ich auch Angst, dass ich versagen könnte, weil ich bis dahin ja nur mit kleineren »Wehwehchen« zu tun gehabt hatte. Eine Tumorbehandlung war schon eine große Herausforderung. Andreas' Wunsch wollte ich aber natürlich nicht abschlagen, und so überwand ich meine Selbstzweifel und behandelte ihn. Da ich ja keinerlei Ausbildung auf diesem Gebiet hatte, verließ ich mich auf meine Intuition und ließ mich von ihr führen.

Wir hörten den dritten Akt von Richard Wagners »Parsifal«. Diese Musik war Andreas von einem anderen Heilkundigen empfohlen worden. Wir stellten beide sehr schnell fest, dass sie in dieser Situation für uns genau die richtige war.

Ich legte ihm die Hände auf, betete leise. Es waren keine vorformulierten Gebete, wie ich sie aus der Bibel kannte, sondern Sätze, die mir spontan einfielen. Vielleicht könnte man auch sagen, dass sie mir »durchgegeben« wurden. Nach einiger Zeit gelangten wir in einen meditativen Zustand, den ich nur sehr unzureichend mit Worten beschreiben kann. Es war wie ein Wiedererkennen. Heute kann ich dieses Phänomen erklären, aber damals wusste ich nicht, wie mir geschah. Diese Empfindung war anders als alles andere, was ich bis dahin erlebt hatte! Wir waren in einer anderen Welt! Und wir hatten noch nicht einmal etwas Besonderes dafür tun müssen, wir öffneten nur unsere Herzen und ließen uns bedingungslos aufeinander ein.

Nachdem wir den dritten Akt zu Ende gehört hatten, tauschten wir uns über die gemachten Erfahrungen aus. Zu unserer größten Überraschung stellten wir fest, dass wir dieselben inneren Bilder gesehen hatten! Es waren Bilder aus früheren Leben, in denen wir miteinander zu tun gehabt hatten, insgesamt aus drei verschiedenen Epochen. Von nun an wussten wir, dass wir über den Tod hinaus ewig miteinander verbunden sein würden, und tiefe, unbedingte Liebe und Dankbarkeit erfüllten uns.

Schon etwa zehn Minuten, nachdem wir mit der Behandlung begonnen hatten, und in einer Regelmäßigkeit, die kein Zufall sein konnte, ging Tumormasse in seinen künstlichen Darmausgang ab. Wir sammelten das Gewebe und gaben es seinem Hausarzt zur Untersuchung. Der bestätigte, dass es sich bei dem Gewebe um Tumormasse handelte. Zu Beginn unserer Behandlung war seine komplette Bauchdecke aufgrund des massiven Tumorbefalls stark verhärtet gewesen. Wir wiederholten die Behandlung täglich, und jedes Mal ging Tumormasse ab; nach den Sitzungen schied er wieder normalen Stuhl aus.

Nach drei Wochen war die Bauchdecke weich, und der Arzt konnte keinen Tumor mehr tasten!

Allerdings war die Krankheit bereits zu weit fortgeschritten, die Bauchorgane waren fast vollständig zerstört. Ich konnte ihn nicht retten. Andreas lag im Sterben.

Seine Frau hatte sich aber noch nicht wirklich von ihm verabschieden, ihn noch nicht loslassen können, und sie bat mich in ihrer Verzweiflung, etwas zu tun, um ihn zurückzuholen. Also schloss ich die Augen, nahm seine Hände, und mit einem Gefühl tiefer Liebe erklärte ich: »Ich liebe dich! – Lebe!« – Und er wachte wieder auf! Dieses Ereignis wiederholte sich drei Mal, zum letzten Mal am Vormittag seines Sterbetages. Wörtlich sagte er: »Nun hast du mich aber von sehr weit hergeholt. Ich glaube, jetzt brauchen wir mal einen Priester.«

Für Andreas waren die Sakramente immer sehr wichtig gewesen. Wir holten also einen Priester, und er begrüßte ihn mit den Worten: »Wollen Sie mir über die Schwelle helfen?« Nach einem kurzen Moment der Überraschung antwortete der Priester: »Sehr gern.«

Wir zelebrierten dann gemeinsam die Letzte Ölung, beteten das Vaterunser, und Andreas bat den Priester, am Abend gegen 19 Uhr wiederzukommen. Er verabschiedete sich sehr intensiv jeweils etwa eine Stunde lang von der Freundin, die geholfen hatte, ihn zu pflegen, von seiner Frau und von mir. Andreas hielt in dieser Stunde meine Hände, wir schauten uns an, kommunizierten innerlich miteinander. Dann sagte er: »So, nun lasst mich mal gehen.« Er legte sich zurück, und die Sterbephase begann. Auf einmal verwandelte sich sein Gesicht, es war nicht mehr ausgemergelt und krank, sondern wirkte jung, wie das eines Dreißigjährigen. Wir standen an seinem Bett und staunten! Nach einiger Zeit öffnete er die Augen, schaute nach oben und nickte zweimal. Die ganz Zeit über hatte ich das Gefühl, als wären die Wände heruntergeklappt, als stünden wir unter freiem Himmel. Es war, als ob die Grenze zwischen unserer irdischen und der geistigen Welt für uns gefallen sei! Ich fühlte die geistige Welt, die mit Gott identisch ist, in mir, über mir, um mich herum – ich war eins mit ihr, mit ihm geworden! Seitdem glaube ich nicht mehr an Gott, ich weiß um seine Existenz und Allgegenwart!

Plötzlich sah ich Andreas' verstorbene Mutter am Ende eines Lichts auf einer grün bewachsenen Klippe stehen. Neben ihr Andreas' Onkel, den ich im irdischen Leben nicht kannte. Wie durch einen Sog gezogen, flogen Andreas und ich auf sie zu. Als wir auf der Klippe landeten, gingen wir Hand in Hand auf seine Mutter zu, und ich übergab ihn in ihre Hände. Liebevoll nahm sie ihn in Empfang.

Dann gingen sie zu dritt in Richtung Land zurück. Ich wollte ihnen folgen, doch Andreas drehte sich nach sieben Schritten zu mir um, legte seine Hand auf meinen Kopf und sagte: »Mein Sohn, ich liebe dich! – Geh zurück, und lebe!«

Als der Priester um kurz nach 19 Uhr, wie von Andreas bestellt, eintraf, war dieser gerade gestorben.

Andreas' Tod ist bis heute eine der eindrucksvollsten und bedeutendsten Erfahrungen meines Lebens. Es war nicht nur ein Erlebnis überwältigender Liebe, was meinen Glauben an Gott in Gewissheit wandelte, es zeigte mir auch, was ich mit Liebe, kanalisiert durch meine Hände, bewirken kann. Ich spürte, dass sich mein Leben durch diese Entdeckung grundlegend verändern würde. Aber wie diese Veränderung vonstattengehen, wohin sie mich bringen würde, war mir noch vollkommen unklar.

VERÄNDERUNGEN

In der ersten Zeit nach Andreas' Tod dachte ich, ich würde verrückt werden. Andreas war so präsent, ich spürte und hörte ihn so, als wäre er physisch anwesend. Ich zeichnete Briefe für seine Frau auf. Wenn ich schrieb, schrieb ich nicht selbst, sondern er schrieb durch mich! Ich brauchte nur dem Impuls des Stiftes zu folgen, und die Seiten füllten sich. Natürlich zweifelte ich am Anfang und war unsicher, ob ich mir dies alles nicht nur einbildete. Aber diese Briefe hatten oft Inhalte, die so intim waren, dass Andreas niemals mit mir darüber gesprochen hätte. Ich hatte das, was er seiner Frau zu sagen hatte, nicht wissen können. Sogar die Unterschrift, die ich unter die Briefe setzte, war seine.

Seine Frau bestätigte mir die Authentizität dessen, was er durch mich schrieb. Dadurch verstand ich immer mehr, dass der körperliche Tod keine wirkliche Trennung darstellt, wenn die Herzensverbindung sehr stark ist. Die Liebe, die ich für Andreas empfinde, lässt ihn auch heute, nach 18 Jahren (2013), noch als meinen engsten Vertrauten und Ratgeber bei mir sein. Er hilft mir ganz konkret im Alltag und bei Behandlungen von Menschen, die aus der ganzen Welt mit zum Teil schwersten Krankheiten zu mir kommen. Er ist mein innerer Lehrer geworden.

Eine Frau, die mit der Diagnose eines Tumors und dem Rat ihres Arztes, ihre Angelegenheiten zu regeln, zu mir kam, war Doris D. Sie war eine Freundin von Andreas' Familie gewesen und suchte mich ein halbes Jahr nach seinem Tod auf. Sie war damals 58 Jahre alt und hatte, nachdem 12 Jahre zuvor die Diagnose Brustkrebs gestellt und sie zweimal operiert worden war, jetzt Metastasen in der Wirbelsäule. Da sie die ihr angebotene Chemotherapie und Bestrahlung abgelehnt hatte, fragte sie mich, ob ich sie behandeln würde. Ich nahm die Herausforderung an. Bei ihren Behandlungen betete ich und sagte mir innerlich immer wieder den Satz, den ich erstmals als Kind direkt aus der geistigen Welt von Gott empfangen hatte und später dann durch meinen geliebten Lehrer und Vater Andreas: »Ich liebe dich! – Lebe!«

Sechs Mal sah ich sie in diesem Jahr. Kurz vor Weihnachten 1995 rief sie mich an und sagte mir, dass der

Krebs verschwunden sei! Dies ist bis heute (2013) so geblieben, und sie lebt gesund und munter in der Eifel.

Dieser Erfolg überzeugte mich davon, dass ich ein wertvolles Geschenk bekommen hatte, das ich nicht für mich behalten durfte. Die Zeit am Theater ging zu Ende. Es war ein schmerzhafter Abschied, aber ich spürte, dass ich meiner Berufung folgen musste. Ich sang noch bis 1997 einige Opern und Konzerte, parallel dazu absolvierte ich in Hamburg eine dreijährige Vollzeitausbildung zum Heilpraktiker.

Die Heilpraktikerprüfung entspricht etwa dem ersten Staatsexamen der Ärzte. Es war mir wichtig, auch die Anatomie, Physiologie und Pathologie des Menschen zu verstehen.

Darüber hinaus machte ich eine Ausbildung in der Traditionellen Chinesischen Medizin. Meine Arbeit sprach sich schnell herum, besonders unter Krebspatienten, und es kam zu weiteren Heilerfolgen.

Durch die Einladung in Pfarrer Jürgen Flieges Sendung »Fliege« in der ARD, in der ich im Jahr 2001 mit meiner Patientin Doris D. zu Gast war, erreichte ich einen Bekanntheitsgrad, mit dem ich niemals gerechnet hätte. Ohne zu übertreiben kann ich sagen, dass Tausende von hilfesuchenden Menschen angerufen hatten und einen Termin wollten. Da ich immer wenigstens 90 Minuten für eine Erstbehandlung und 45 Minuten für eine Weiterbehandlung benötige, hatten wir eine monatelange Warteliste. Um die Wartezeit zu verkürzen, wurden mir Ferienhäuser zur kostenlosen Benutzung und Extrazahlungen angeboten. Busunternehmen wollten »Busladungen voller Kranker« zu mir bringen, die ich im Minutentakt behandeln sollte. So handhabe man es mit Fahrten zu einem holländischen Heiler, wurde mir gesagt. Ich habe solchen Versuchungen, Gott sei Dank, widerstanden und bin mir treu geblieben. Massenheilungen lehne ich ab. Es gibt leider »Kollegen«, die sich riesige Räumlichkeiten mieten und zweitausend Menschen im wahrsten Sinne des Wortes unter ihren Händen »durchlaufen« lassen. Dort zahlt jeder zwar vielleicht nur 30 Euro, aber der Erfolg ist in meinen Augen fraglich. Man sollte gerade in der Heilerszene sehr genau hinschauen, auf wen oder worauf man sich einlässt.

Ich orientiere mich hinsichtlich meiner Honorare etwa an einem Arzt eines mittleren Krankenhauses. Als Selbstständiger, der eine Familie ernähren muss und drei Angestellte zu bezahlen hat, ist das, wie ich finde, eine vernünftige, realistische Größe. Ich bin davon überzeugt, dass die geistige Welt einem die Gaben wieder entzieht, wenn der finanzielle Aspekt zur einzigen Motivation der Heilarbeit wird!

Nachdem ich schon einige Jahre in meinem neuen Beruf gearbeitet hatte, nahm mich eines Tages meine Großmutter Rufina zur Seite. Sie gestand mir, dass auch sie über »merkwürdige Fähigkeiten« verfüge. Sie war hellsichtig und hellfühlig, konnte Dinge vorhersagen, bevor sie eintrafen. Aus Angst vor Repressalien ihrer streng katholischen Familie und des kleinbürgerlichen Umfeldes hatte sie jedoch stets darüber geschwiegen. Sie berichtete mir außerdem, dass mein Urgroßvater Johannes, eigentlich ein Bauer und Sanitäter beim Militär, in seiner rumänischen Heimat Krassna – einem Ort etwa 20 Kilometer von Bukarest entfernt – ebenfalls ein recht bekannter Heilkundiger gewesen sei. Man holte ihn, wenn eine Kuh kalbte, fragte ihn, wann man säen und wann man ernten sollte, er besprach Warzen, kannte sich mit Heilkräutern aus. Solche wissenden Männer und Frauen hat es auch in unseren Breitengraden immer gegeben, und es gibt sie noch.

Durch ihre Erzählung fing ich an, mich und meine Entwicklung, besonders einige Kindheitserlebnisse, besser zu verstehen. Neben dem Unfall mit sieben Jahren gab es vor allem noch ein Ereignis, das etwa zwei Jahre später stattgefunden hatte und das ich auf einmal in einem neuen Licht sah. Unsere Zahnärztin wollte mir einen Zahn ziehen, der sehr kariös war. Da ich schreckliche Angst davor hatte, betete ich jeden Morgen und jeden Abend: »Lieber Gott, mach bitte, dass mein Zahn schnell wieder heil wird oder dass sie vergisst, dass sie ihn ziehen will! Bitte, bitte, bitte!« Es kam der Tag, an dem ich mich auf den gefürchteten Stuhl setzen musste. Ich hatte im Wartezimmer mein Gebet sicher noch zwanzig Mal wiederholt. Ich machte den Mund auf und wartete … Nach einer ausführlichen Begutachtung meiner Zähne sagte die Zahnärztin: »So, mein Kleiner, das sieht ja alles gut aus. Wir sehen uns zur nächsten Routinekontrolle.«

Damals habe ich diese Begebenheit nicht hinterfragt, heute weiß ich, dass sich mein Wunsch durch die intensive, sehr emotionale Wiederholung manifestiert hat – der Geist formt die Materie!

DIE HEILSITZUNG

Wenn ein Patient das erste Mal zu mir kommt, dann bringt er bestenfalls einen aktuellen schulmedizinischen Befund mit. Bei Tumorpatienten ist dies oft der Befund einer Computer- oder Kernspintomografie. In der Regel legen wir einen Zeitraum von drei Monaten fest, in dem wir drei bis sechs Mal arbeiten. Danach können wir – sofern die Behandlung Wirkung gezeigt hat – bei erneuten Aufnahmen meistens einen Stillstand, einen Rückgang oder sogar ein völliges Verschwinden des Tumorgeschehens feststellen.

In der ersten Sitzung erfolgt selbstverständlich auch eine gründliche Anamnese. Der Patient berichtet mir von seinen sonstigen Krankheiten, seinen Problemen, seinem Leben. Ich erhalte Hinweise auf Ereignisse, die ihn nachhaltig beeinflusst haben und die sich eventuell heute noch auswirken können. Ebenso erfahre ich durch genaues Hinhören und Hineinspüren manchmal Dinge, die mir der Patient nicht sagen will oder vielleicht auch nicht sagen kann, da er sie so weit verdrängt hat, dass sie ihm selbst nicht mehr bewusst sind. Genau das sind oft die für meine Arbeit wichtigsten Informationen.

Danach beginnt die eigentliche Heilsitzung. Ich verbinde mich dabei in meiner Vorstellung mit der Energie der göttlichen, unbedingten Liebe, indem ich mein Kronenchakra öffne und die Energie in meinen Körper fließen lasse. Diese Energie bündle ich in mir und lasse sie über meine Hände in den Körper des Patienten fließen.

Nicht ich heile, sondern ES heilt durch mich. Ich bin nur der Vermittler dieser Energie. Immer wieder meditiere ich während der Behandlung den bereits bekannten Satz: »Ich liebe dich!« – »Lebe!« Es gilt also:

DIE UNBEDINGTE LIEBE IST DER SCHLÜSSEL ZUR HEILUNG!

Behandelt wird immer vom Kopf bis zu den Füßen, mit Schwerpunkt auf dem erkrankten Organ. Das den Menschen umgebende Energiefeld, auch Aura genannt, sowie die Chakren geben mir einen Überblick über Energieblockaden oder Energiedefizite. Diese gleiche ich dann aus. Zum Schluss visualisiere ich, dass ich den Patienten in goldenes Licht einhülle. Die

Farbe Gold – wir könnten auch sagen: die Schwingungsfrequenz der Farbe Gold – sorgt dafür, dass der Prozess, den ich mit der Behandlung angestoßen habe, weitergeht. Gold wandelt negative Energie in positive. Die Farb- oder Schwingungsfrequenz Blau sorgt dafür, dass der durch die Behandlung in Gang gesetzte Prozess geschützt wird, denn sie hält negative Energien ab. Anschließend hülle ich mich selbst noch in blaues Licht, um mich sauber von dem Patienten abzutrennen. Das ist eine energetische Reinigung, die dafür sorgt, dass es nicht zu »Übertragungen« vom Patienten auf den Heiler kommt und der nächste Patient mich frei und unbelastet von den Einflüssen des Vorpatienten erlebt.

Meist spürt der Patient schon bei der ersten Sitzung Wärme, ein Kribbeln, Strömen etc. Wenn er aber nach drei bis sechs Sitzungen sagt: »Weder in der Behandlung noch danach kann ich irgendetwas spüren«, und wir auch über bildgebende Verfahren oder Blutwerte keinen Erfolg sehen, dann ist es unwahrscheinlich, dass sich durch meine Therapie bei diesem Patienten etwas erreichen lässt. Nach spätestens drei Sitzungen sollte man etwas spüren, oder es sollte eine Besserung zu erkennen sein, sonst empfehle ich abzubrechen. Wie bei jeder Therapie gibt es auch in meiner Praxis Patienten, bei denen die Behandlung nicht wirkt. Ca. 75 % erleben eine deutliche Lebensverbesserung und manchmal sogar eine vollkommene Ausheilung; bei ca. 25 % schlägt die Behandlung nicht oder kaum an.

Ich habe Menschen kennengelernt, die viele Sitzungen bei Heilern hatten und nie etwas gespürt haben. Dennoch wurde die Behandlung fortgesetzt, meistens mit der Begründung: »Es wirkt trotzdem.« So haben viele Menschen viel, viel Geld verloren, und die entsprechenden »Kollegen« haben nicht unbedingt etwas Positives bewirkt.

Heilung muss aber nicht immer Gesundwerdung bedeuten. Heilung kann auch Aussöhnung mit dem Leben meinen. Wenn ein Patient mit sich und seinem Leben vor dem Tod ins Reine kommt und dieses Leben ohne Belastungen verlässt, so kann auch das Heilung sein. Jedes Thema, das wir in diesem Leben erlösen, über das wir ein Bewusstsein ausbilden, brauchen wir in einem nächsten Leben nicht noch einmal anzuschauen und zu durchleben. Gott ist ein liebender Gott, und es geht ihm immer nur um Erkenntnis! Wenn wir in der Analyse unseres Erdenlebens und unserer Fehler zu Erkenntnissen gekommen sind, dann sind wir in Gottes Augen erlöst, und unsere Fehler sind vergeben. Einem würdevollen Einzug in ein neues, körperloses Dasein steht dann nichts mehr entgegen, und wir werden im Licht empfangen. Ich fixiere in meiner Arbeit kein bestimmtes Ziel, ich versuche, meinen eigenen Willen herauszunehmen, meistens habe ich gar keinen eigenen Willen – denn woher soll ich wissen, was für einen Menschen das Richtige ist?

Ich bete: »Dein Wille geschehe!«

In der Arbeit versuche ich, Impulse zu setzen, die es den Regulationskräften des Patienten ermöglichen, sich optimal zu regenerieren. Aber ich kann nichts versprechen. Alles, was in meiner Arbeit geschieht, ist ein Geschenk. Aber sicher weiß ich, dass es stets in einem größeren Zusammenhang steht und immer einen Sinn hat, auch dann, wenn ich diesen nicht sofort erkenne.

Eine wesentliche Voraussetzung für eine erfolgreiche Arbeit ist auch die Fähigkeit des Patienten, sich zu öffnen.

Er sollte lernen, zu verstehen, dass die Krankheit ihn nicht willkürlich getroffen hat. Sie hat etwas mit ihm zu tun, sie hat eine eigene Geschichte, die in seiner Biografie zu finden ist.

Immer wieder gibt es aber auch Fälle, in denen ein Patient gesund wird, obwohl er bezüglich der Aufarbeitung und möglichen Veränderung seiner Person nicht besonders offen oder flexibel ist. Ich denke an einen sehr bodenständigen, robusten Dachdeckermeister aus dem Erzgebirge. Er war sehr sympathisch, ein lustiger, herzlicher Mann mit festen Prinzipien. Nachdem ein faustgroßer Lungentumor diagnostiziert worden war, kam er zu mir, und wir trafen uns innerhalb einer Woche für drei Sitzungen. Anschließend wurde er wieder im Krankenhaus untersucht – und der Tumor war komplett verschwunden. Die mit einem Lächeln getätigte Aussage des behandelnden Arztes war laut des Patienten: »Jetzt hat uns der Berti wohl wieder ins Handwerk gepfuscht.« Die Ärzte des Krankenhauses hatten schon andere meiner Heilungserfolge erlebt und sind meiner Arbeit gegenüber sehr aufgeschlossen. Leider ist das nicht immer so. Es wäre ein Segen für die Menschheit, wenn wir das Gute aus der Schulmedizin mit dem Guten der alten, traditionellen und spirituellen Medizin verbinden würden. Dann stünde den Patienten ein ganzheitliches, individuell auf sie ausgerichtetes Behandlungsangebot zur Verfügung.

Da die meisten körperlichen Krankheiten aus einer geistigen Disharmonie entstehen, kann es meines Erachtens eine vollständige Heilung nur geben, wenn wir erkennen, welche Ursache hinter der Krankheit steckt. Aus meiner Praxis kann ich sagen, dass bei fast allen meiner Patienten emotionale Defizite vorliegen, dass Traumen oder seelische Verletzungen verdrängt wurden. Wenn sich genug angesammelt hat, dann verdichtet sich der Konflikt so stark, dass es zu einem physischen Symptom kommt. Meist dauert der Prozess bis zur Manifestation viele Jahre.

Heilung hat aber auch mit dem Erkennen der eigenen Lebensaufgabe und der eigenen Lebensthemen zu tun. Und manchmal reichen Kopf- oder Magenschmerzen nicht aus, um zu erkennen, dass irgendetwas in mir aus dem Gleichgewicht geraten ist. Dann braucht es vielleicht eine schwerere Krankheit, damit ich erkenne, dass ich den gesunden, also mir angemessenen und gemäßen Pfad verlassen habe.

Wenn wir einen Sinn in unserer Krankheit finden, dann ist das eine enorme Hilfe bei ihrer Überwindung. Dies ist natürlich nicht sehr leicht umzusetzen, wenn wir selbst in der Situation stecken. Meist gelingt es uns erst nach der Überwindung einer leidvollen Situation, also in der Rückschau, zu erkennen, was dahinterstand. Oft haben die Patienten aber auch das Gefühl, die Krankheit habe sie zufällig und willkürlich getroffen. Wenn wir unser Leid jedoch als Gegner sehen, den es zu bekämpfen gilt, machen wir es uns zusätzlich schwer, den Sinn zu verstehen.

Um die eigenen seelischen Konflikte besser auffinden, auflösen und heilen zu können, bekommen die meisten Patienten, wenn sie nach Hause gehen, von mir eine Hausaufgabe gestellt: das Emotionale Schreiben (siehe S. 45).

Befreiung der Gefühle

UNTERDRÜCKUNG DURCH DEN VERSTAND

Deine Verarbeitung von Gefühlen funktioniert in der Regel wie folgt: Ein Gefühl steigt in dir auf, und sofort wird dein Verstand aktiv, die Ratio, und versucht, das Geschehen einzuordnen und »in eine Schublade zu stecken«. Das ist der normale Schutzmechanismus, der auch sinnvoll ist, denn wenn du das Gefühl, die Emotion, immer in ihrem vollen Ausmaß zu spüren bekommen würdest, dann würde es dich oft schier zerreißen. Die Ratio kann aber nur A und B und die Strecke dazwischen wahrnehmen – das heißt, die Ratio arbeitet nur mit den ihr bekannten Größen. Sie erfasst die konkreten Fakten, und das war's. Emotionen hingegen decken einen weiten Bereich vor A und einen weiten Bereich nach B ab, den wir aber nur unzureichend verbalisieren können und für den jedes Wort in seiner Bedeutung immer nur ungenügend sein kann. Der Verstand erfasst nur das, was er verstehen kann, und emotionale Gründe gehören oft nicht dazu. Anders gesagt: Vieles sieht für den Verstand unlogisch aus, aber es ergibt sehr viel Sinn, wenn wir unsere Emotionen berücksichtigen.

Wenn nun immer die Ratio das bestimmende Element ist, führt das dazu, dass sich der Mentalkörper, die dritte Auraschicht, überdimensional aufbläht und der Emotionalkörper, die zweite Auraschicht, immer mehr zusammengepresst wird. Der Mentalkörper, das Denken, erdrückt sichtbar und spürbar das Fühlen, den Emotionalkörper!

Immer mehr reagierst du auf die Anforderungen des Lebens mit dem erlernten Programm von »Vernunft und Logik«. Dein Gefühl nimmst du immer stärker zurück. Irgendwann kann es dazu kommen, dass du gar nichts mehr fühlst oder nicht mehr wahrnimmst, was du fühlst. Die Stimme deiner Intuition wird immer leiser, du verlernst, auf sie zu hören, du verlierst das Gespür für dich selbst – und damit den Kontakt zu deinen Selbstheilungskräften!

Für das Vorhandensein deiner Gefühle ist es gleichgültig, ob du verstehst, warum die Dinge sind, wie sie sind. Du fühlst dich verletzt, und das tut weh. Gefühle sind einfach da, sie lassen sich nicht mal eben hinterfragen, sondern du fühlst, was du fühlst. Sie sind eine unmittelbare Reaktion auf das, was geschieht – und somit wahrhaftig und authentisch. Gefühle können Schmerzen bereiten oder unendliches Wohlbefinden. Das Gefühl möchte nicht durch den Verstand beherrscht und unterdrückt werden, es will sich frei entfalten können.

Überdies besitzt das Fühlen im Gegensatz zum Denken ein hohes Maß an materieller Substanz, die danach drängt, sich zu verwirklichen. Es verlangt geradezu nach einem Raum, einer Bühne, um sich voll zu entfalten, wobei dieser Drang nach Verwirklichung auch seinen Wert ausmacht. Ein Beispiel: Wenn ein Auto nur gedacht worden wäre, wäre es bloß eine nutzlose Idee. Erst über die emotionale Umsetzung kommt es zur Tat und zum Resultat, in diesem Fall zum tatsächlichen Auto. Kurz gesagt: Die Idee ist der Impulsgeber, das Gefühl will sie in die Welt bringen.

Wenn dieser Drang des Gefühls nach Freiheit und Selbstverwirklichung jedoch immer mehr – oft aus Angst – unterdrückt, das große Quantum an lebendiger Emotion immer öfter in die Regeln der Ratio gepresst wird, dann führt das dazu, dass der Mentalkörper, die Mentalaura, sich immer mehr aufbläht und irgendwann ausschließlich der Intellekt das Leben bestimmt.

Jetzt hat die Ratio auch noch den Gefühlsbereich übernommen und produziert, wie ich es nenne, »Scheingefühle«. Scheingefühl deshalb, weil das Gefühl überwiegend nur noch an äußeren Gegebenheiten festgemacht wird. Nach dem Motto: »Ich habe eine gute Arbeit, einen netten Partner oder eine nette Partnerin, gesunde Kinder etc., also geht es mir gut.« Das hat aber wenig mit deinem wahrhaftigen Gefühl zu tun. Du fühlst nicht mehr, was du wirklich fühlst, sondern das, was dein Mentalkörper dir suggeriert. Nur durch die vollkommene Aufrichtigkeit dir selbst gegenüber und dem, was du wirklich fühlst, findest du deine emotionale Wahrheit wieder.

Im Idealfall sind Emotionalkörper und Mentalkörper im Gleichgewicht. Unterdrückt aber das Denken unser Fühlen, was am häufigsten der Fall ist, dann kommt es zu einer energetischen Schieflage. In der Chinesischen Medizin kennt man das Wort Krankheit nicht, sondern man erkennt jede Krankheit als einen Verlust des geistig-seelischen Gleichgewichts an, als eine Dysbalance. Diese Dysbalance spiegelt sich auch in der Aura wider:

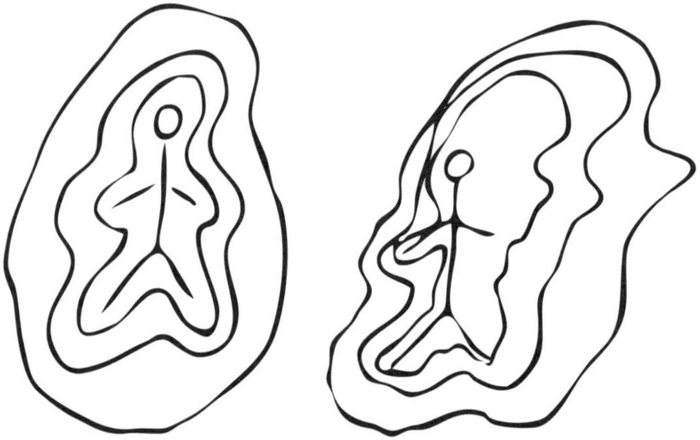

Balancierte Aura Dysbalancierte Aura

Es ist leicht zu erkennen, wie wichtig es für die innere Harmonie ist, ein Werkzeug zu finden, mit dem man die Emotion befreien kann. Das Emotionale Schreiben hat sich in meiner Praxis als die effektivste Methode herausgestellt, um den Emotionalkörper von den gespeicherten emotionalen Traumen zu befreien.

Emotionales Schreiben nach Aldo Berti

1. Versuche, dich in eine dich emotional belastende Situation zurückzuversetzen und einzufühlen.

2. Schreibe nun unzensiert und ungefiltert deine Gefühle auf. Beginne mit: Liebe oder Lieber – Name der beteiligten Person –, was ich dir schon immer sagen wollte …

3. Nachdem du alles, was dir spontan eingefallen ist, aufgeschrieben hast, solltest du einen positiven Satz an das Ende deines Textes stellen. Etwa so: Nachdem ich dir dies alles geschrieben habe, entlasse ich dich in Licht und Frieden, dein/e …

4. Dann stecke den Brief in einen Umschlag, schreibe den Namen der Person darauf, und grabe diesen Brief irgendwo in die Erde ein, dort wo es dir passend erscheint. Vielleicht unter einem Baum, der dir gefällt, oder da, wo immer du denkst, dass der Brief sich in Ruhe in der Erde auflösen kann.

ÜBUNG 1

DIE ERDE – ELEMENT DER WANDLUNG

Es mag dir anfangs merkwürdig vorkommen, deine Zeilen zu vergraben. Meiner Erfahrung nach bringt aber erst dies die wirkliche und dauerhafte Auflösung des Konflikts.

Denn die Erde oder »Mutter Erde« ist das Element der Wandlung schlechthin. Sie ist sowohl Ort der Materialisation – hier werden feinstoffliche Energien in grobstoffliche umgesetzt – als auch Ort der Dematerialisation, wo diese Energien wieder freigesetzt und an ihren Ursprung zurückgebracht werden. Es gilt: Energie geht nie verloren, sie wird nur umgewandelt!

In Bezug auf die hier vorgestellte Art der Selbstbefreiung oder Erlösungsarbeit heißt das: In einem ersten Schritt hast du dir das dich Belastende von der Seele geschrieben, es über den Logos, das schöpferische Wort, wieder in die Materie gebracht. Nun befreist du dich noch weiter durch das Vergraben, dessen ritueller Charakter allein schon eine starke Kraft hat.

Dabei gibst du es – tatsächlich und nicht nur symbolisch – aus deiner persönlichen Verantwortung in die Verantwortung der Erde, des materiellsten Aspekts des Kosmos, wo es, auf Papier gebannt, in den nächsten ein bis eineinhalb Jahren selbst zu Erde wird, das heißt dematerialisiert und damit aufgelöst und befreit wird. Die in den Konflikt eingebundenen Energien können nun zu den beteiligten Personen zurückkehren.

Es spielt hierbei keine Rolle, ob diese Personen noch leben oder bereits gestorben sind! Selbst Verstorbene können auf diese Weise im Hinblick auf das Thema dieser Angelegenheit erlöst werden und müssen es dann in ihrem nächsten Leben, so, wie ich es sehe, nicht mehr bearbeiten.

Wenn wir eines Tages diese Welt verlassen, werden wir in einen Zustand gelangen, der uns zeigt, was wir alles in die Welt hineingelegt haben, wie sich die Dinge wirklich verhalten haben und in welchen höheren Zusammenhängen sie standen. Ich nenne diesen Zustand das »Kamaloka«. Diesen Begriff habe ich aus der Lehre Rudolf Steiners übernommen.

Wir erleben unser Verhalten in diesem Bewusstseinszustand aus der Sicht der Menschen, die es betroffen hat, egal, ob es positiv oder negativ war. Wir erkennen auch die Folgen, die unser Verhalten für die anderen hatte. Dies geschieht, damit wir uns mit unseren Taten aussöhnen können, besonders mit denen, die uns in unserem Leben belastet haben.

Zusammengefasst besteht das Emotionale Schreiben also aus drei Schritten: Schreiben, Vergraben, Verwandelnlassen. Irgendwann wirst du dann in der

Lage sein, an jene »vergrabenen« Vorkommnisse in deinem Leben zu denken, ohne dass dich die ganze Wucht der emotionalen Ladung trifft oder du dich ihnen gegenüber völlig verschließt. Wenn dies zutrifft, hast du dich wirklich aus der Unterdrückung durch die Ratio erlöst und die damit verbundenen Emotionen geheilt.

Hin und wieder liest man schon einmal die Empfehlung, die Dinge, die einen belasten, aufzuschreiben und das Geschriebene anschließend zu verbrennen. Meiner Ansicht nach ist dieses Verfahren nur für das Tagesgeschehen geeignet, wenn die Gefühle noch an der Oberfläche sitzen. Sobald wir eine Nacht darüber geschlafen haben, haben sie sich in uns verfestigt, und das Element Feuer, das im Vergleich zum Element Erde ja viel flüchtiger ist, reicht nicht mehr aus, um sich von ihnen zu befreien. Man denke an einen Brand in der Natur: Nachdem er alles Leben in Asche verwandelt hat, wachsen nach einer Woche wieder die ersten Gräser und Sträucher. So bleibt auch das Belastende, das in den tieferen Schichten unseres Selbst gespeichert ist, in uns lebendig, wenn wir es in geschriebener Form dem Feuer überantworten. Es ist also sehr wichtig, dass wir alle Konflikte, die wir uns im Schlaf über unsere Träume bereits zu eigen gemacht haben, nach der Verschriftlichung vergraben!

Dahinter steht meine Überzeugung, dass jeder von uns Teil der Schöpfung und energetisch mit ihr verbunden ist. Indem wir uns auf diese Verbindung besinnen, schalten wir uns in den natürlichen Kreislauf von »Stirb und Werde« ein und kommen wieder »in den Fluss«.

Ich glaube, dass die meisten herkömmlichen »Loslass- oder Befreiungstherapien« nur temporär, das heißt zeitlich begrenzt wirken, da sie nicht die Wandlung durch das Erdelement berücksichtigen.

VERZEIHEN – VERGEBEN

Wesentlicher Bestandteil dieser Erlösungsarbeit ist das Vergeben. Häufig wird es mit dem Verzeihen gleichgesetzt, es besteht jedoch ein großer Unterschied: Verzeihen ist eine Sache des Verstandes, Vergeben eine Sache des Gefühls.

Wie oft verstehen wir das Verhalten anderer Menschen nicht, können nicht nachvollziehen, warum sie uns dieses oder jenes angetan haben. Der Verstand mag dann Erklärungen dafür suchen und auch finden; das ursprungliche Gefuhl, der unmittelbare Schmerz, der damals dadurch ausgelöst wurde, bleibt davon aber unberührt.

Wir können also der Meinung sein, mit einer »Geschichte« schon längst abgeschlossen zu haben – aber tatsächlich muss das nicht im Geringsten der Fall sein. Manchmal wundern wir uns, wenn wir von schmerzhaften Gefühlen überwältigt werden, die durch ein Ereignis hervorgerufen werden, das bereits Jahrzehnte zurückliegt!

Es mag überraschen, wenn ich jetzt sage: Wir müssen das Verhalten der anderen nicht verstehen, und wir müssen ihnen auch nicht verzeihen – es reicht, wenn wir ihnen vergeben!

Die allererste und grundsätzliche Frage dabei ist, ob wir das wirklich wollen. Vielleicht halten wir es aus oben genannten Gründen nicht für nötig, dann muss uns womöglich erst eine Krankheit darauf aufmerksam machen, dass noch etwas im Argen liegt. Vielleicht wollen wir aber auch an unserem Groll, unserem Hass festhalten. Wir malen uns aus, wie wir uns an demjenigen, der uns so großes Leid zugefügt hat, rächen, wie er für seine Vergehen bestraft wird. Und möglicherweise tut es uns sogar gut, in derartigen Fantasien zu schwelgen. Für eine gewisse Zeit ist das okay, aber ein Leben lang? Zwischendurch fragen wir uns manchmal, ob wir dem »Täter« verzeihen oder vergeben können – so genau spüren wir den Unterschied noch nicht –, und kommen immer wieder zu dem Schluss: Es geht nicht. Zu stark ist das Gefühl, dass ich etwas herschenke, wenn ich ihm vergebe, dass es nicht fair ist, wenn der andere, der mir Unrecht getan hat, ungestraft davonkommt, wenn seine Tat vermeintlich ungesühnt bleibt.

In dieser Situation gilt es, eine Entscheidung zu treffen. Häufig fühlt es sich an wie eine Entscheidung auf

Leben und Tod, und oft ist sie es auch, ohne dass wir uns dessen bewusst sind.

Manchmal sind wir theoretisch aber auch schon längst davon überzeugt, dass vergeben zu können eine wertvolle Tugend ist, glauben aber, so tief verletzt worden zu sein, dass es uns niemals gelingen wird, diesen Schmerz zu überwinden. Auch in diesem Fall gilt es, sich zu entscheiden: Wollen wir das ewige Opfer sein?

> DAS SCHMERZHAFTE EREIGNIS HAT NICHT DAS RECHT, MICH BIS ZUM LEBENSENDE NEGATIV ZU BEEINFLUSSEN. ALSO HABE ICH DAS RECHT UND DIE PFLICHT, MICH DAVON ZU BEFREIEN, ES VON MIR WEGZUGEBEN!

In jedem Fall ist es eine Entscheidung für sich oder gegen sich. Und wollen wir uns nicht für uns entscheiden? Wollen wir nicht, dass es uns gut geht, dass wir gesund, frei und glücklich sind? Dazu haben wir alles Recht der Welt. Das will Gott für uns!

Und von einem bestimmten Standpunkt aus ist es sogar unsere Pflicht zu vergeben, dann nämlich, wenn wir in unserer geistig-seelischen Entwicklung wirklich weiterkommen wollen.

Überlassen wir den anderen also getrost seinem Schicksal. Auch wenn wir ihn durch unsere Vergebung entlastet und teilweise erlöst haben, entbindet ihn das nicht von seiner Verantwortung für seine Taten. Gemäß dem Gesetz von Ursache und Wirkung wird das Negative, das er in die Welt gebracht hat, auf ihn zurückwirken. Und wenn nicht in diesem Leben, dann im nächsten. Dasselbe gilt natürlich auch für uns selbst. Achten wir auch auf unsere Taten. Umgekehrt wird das Gute, das wir tun und das niemals etwas mit Hass, Gewalt oder Unfreiheit zu tun haben kann, zu unserem Wohl beitragen.

Das Verzeihen funktioniert nicht, weil es nicht zum Ort des Geschehens, der Gefühlsebene vordringt, was im Übrigen auch der Grund dafür ist, warum selbst jahrelange Psychotherapie oft nicht erfolgreich von Blockaden befreit: Sie spricht nur den Kopfbereich, unsere rationale Ebene, an und dringt nicht bis zu unseren Emotionen vor.

In der Vergebungsarbeit ist unser erstes Ziel daher, an die Gefühle, die sich oft schon tief im Körper, in den Organen festgesetzt haben, heranzukommen. Dieses gelingt meiner Erfahrung nach, wie gesagt, am besten durch das Emotionale Schreiben. Es hilft darüber hinaus auch, die Ursache für quälende Gefühle herauszufinden, die wir nicht richtig zuordnen können.

Nehmen wir uns einen Zettel oder ein Extraheft (nicht das Tagebuch, bei dem wir im Hinterkopf haben, dass andere es später einmal lesen könnten) und lassen unseren Gedanken und Gefühlen freien Lauf.

Schreiben wir alles auf, was uns bewegt, ärgert, verletzt, empört, was wir hassen, verabscheuen, verurteilen, aber auch alles – wenn wir das Bedürfnis danach haben –, wonach wir uns sehnen, was wir uns wünschen und erhoffen, so unsinnig es uns auch erscheint, Hauptsache wir sind ehrlich, Hauptsache wir setzen die in der Gedankenschicht gebündelten Rationalisierungen außer Kraft und gelangen zur »Wahrheit«.

Nun können wir unseren Schmerz, dem wir durch das Aufschreiben Substanz verliehen haben, ganz konkret in die Hand nehmen und sagen: »Lieber Gott, liebe Erde, ich verstehe das zwar alles nicht, aber hier, nimm, mach damit, was du willst. Ich vertraue dir, dass es zum Besten aller Beteiligten sein wird.«

Wir sehen: Erlösungsarbeit ist Vergebungsarbeit, und: Seine Gefühle zu befreien heißt, sich selbst zu befreien. Und als wichtigste Erkenntnis: Anderen zu vergeben ist weniger ein Akt der Nächstenliebe als vielmehr ein Akt der Selbstliebe.

Das Feedback, das ich von den Menschen bekomme, die das Emotionale Schreiben anwenden, ist enorm positiv. Sie berichten mir, dass sie ein ganz neues Lebensgefühl haben. Oft kommen verschüttete Talente wieder zum Vorschein, neue Ziele finden sich, körperliche, jahrelang bestehende Schmerzen verschwinden.

Diese Art der Bearbeitung können wir für alle Belange des Lebens anwenden, die wir als problematisch empfinden – seien es nun Angelegenheiten und Beziehungen im Privatleben oder im Beruf. Wir können uns auf diese Weise auch mit ganz konkreten Vorfällen aussöhnen, wie z. B. einem Unfall. Dann schreiben wir: Lieber Unfall, was ich dir schon immer sagen wollte ...

Auf keinen Fall sollten wir vergessen, das Emotionale Schreiben auf uns selbst anzuwenden, d. h., einen ehrlichen Brief an uns selbst zu schreiben. Vielleicht fällt uns das schwer, schwerer noch, als wenn wir uns an eine andere Person wenden, aber dafür ist es umso effektiver. Die Selbstvergebung bewirkt oft wahre Wunder, denn sie ist die stärkste Form der Selbstbejahung und Selbstliebe. Endlich fühlen wir uns befreit und erlöst, erlöst auch von dem furchtbaren Gedanken, auf irgendeine dunkle Weise ein schlechter Mensch zu sein. Nein, wir sind gut! Und plötzlich erkennen wir die Unschuld hinter der Schuld: Wir haben getan, was wir konnten ... Diese neue Sichtweise erlaubt es uns auch, unsere Mitmenschen in einem anderen Licht zu betrachten. Wir haben Abstand und damit ein neues Selbstverständnis gewonnen.

Auch an Gott können wir natürlich einen Brief schreiben, uns bei ihm über unser Schicksal beklagen. Da Gott in uns wohnt, gehört seine Vergebung teilweise auch zur Selbstvergebung. Wir brauchen kein schlechtes Gewissen zu haben, gotteslästerlich zu handeln. Wenn wir diese Übung gründlich durchführen, wird die Antwort auch hier Liebe sein.

Wozu Liebe?

GOTTES LIEBE – SELBSTLIEBE – NÄCHSTENLIEBE

Nicht wenige Menschen glauben immer noch, dass Liebe etwas sei, was ihnen, wenn sie Glück haben, hin und wieder im Leben passiert oder eben nicht. Dann haben sie Pech gehabt, dann durften sie dieses außerordentliche Gefühl nie kennenlernen. Sie machen die Liebe ausschließlich von anderen Personen abhängig und denken, sie habe vorwiegend etwas mit Romantik und Sexualität zu tun. Viele reduzieren sie auch auf einen biochemischen Prozess, der dazu dient, Nachkommen zu zeugen und danach die nötigen Gefühle entstehen zu lassen, diese großzuziehen. Manche halten sie schlichtweg für Sentimentalität. Doch diese Einstellungen werden der Liebe nicht gerecht, denn sie ist viel mehr:

Zum einen ist Liebe die Lebensenergie, die alles Lebendige durchdringt. Sie ist die Basis unseres Lebens. Ohne sie würden wir nicht existieren. Und sie ist mehr als ein Gefühl, sie ist eine geistige Kraft. Zum anderen ist die Liebe, und zwar die unbedingte Liebe, das Ziel unserer größten Sehnsucht. Aber wir machen immer noch den Fehler, sie nur im Außen zu suchen. Unsere Aufgabe ist es, sie uns in unserem Inneren bewusst zu machen. Dann erkennen wir auch, dass es wichtiger ist zu lieben, als geliebt zu werden.

ZU LIEBEN IST DAS WICHTIGSTE IM LEBEN!

Aber was bedeutet unbedingte Liebe? Es heißt, dass es sich um eine Liebe handelt, die keine Bedingungen kennt, die an nichts gebunden ist. Wenn du jemanden liebst, weil diese Person deine Gefühle erwidert, ist das sicher keine bedingungslose Liebe. Sie bedeutet, diese außerordentliche Zuneigung zu verspüren, ohne etwas dafür zu erwarten. Unbedingte Liebe bedeutet wahre und wahrhaftige Liebe. Oft drückt sie sich einfach aus in einer freundlichen, zärtlichen Haltung gegenüber allem, was ist. Aspekte von ihr finden wir natürlich in der Liebe zwischen Mann und Frau – in der körperlichen Liebe in ihrer ganzen Komplexität – und in der Liebe zu unseren Kindern. Denken wir an das Entzücken, das wir beim Anblick eines Babys empfinden können. Noch ist es nicht durch diese oder jene Eigenschaften ge- oder verformt, noch ist seine Seele gänzlich frei von rationalen Einflüssen. Die unbedingte Liebe Gottes kann sich noch vollkommen unverfälscht in ihr widerspiegeln.

Jeder von uns war einmal so ein unschuldiges, von göttlicher Liebe erfülltes Kind, und eine Mutter hat sich hoffentlich über unseren ersten Schrei, unser erstes Lächeln gefreut. Selbst wenn das bei dir nicht so war, dann sei sicher:

ALS DU AUF DIE WELT GEKOMMEN BIST, HAT GOTT GELÄCHELT!

Denn Gott, Allah, Jehova, der Schöpfer oder der große Baumeister aller Welten, egal, wie wir ihn nennen, bevorzugt nicht Menschen einer bestimmten Hautfarbe, Herkunft oder Religion. Er freut sich über jedes seiner Geschöpfe! Für ihn ist jedes Wesen liebenswert! Und das bleibt auch so, wenn wir heranwachsen. Für ihn spielt es keine Rolle, ob du Besonderes leistest oder (in deinen Augen) versagst, ob du hübsch aussiehst oder (deiner Meinung nach) nicht, ob du jung bist oder alt, reich oder arm. Es ist ihm gleich, er liebt dich um deiner selbst willen.

»Warum denn Gott?«, mögen manche fragen. »Gibt es denn keine Liebe ohne Gott?« Die Antwort ist ganz klar: nein. Alle Liebe, die wir, in welcher Form auch immer, empfinden, speist sich aus der Liebe Gottes. Wobei es eigentlich nicht richtig ist, zwischen Gott und Liebe einen Unterschied zu machen, denn

»GOTT IST LIEBE« *(1. JOHANNES 4,16)*[1]

1 Alle in diesem Buch verwendeten Bibelzitate stammen aus: Lutherbibel, revidierter Text 1984, durchgesehene Ausgabe, © 1999 Deutsche Bibelgesellschaft, Stuttgart.

und die Liebe in uns ist Gott. In jedem von uns findet sich Gott, das göttliche Prinzip, ein göttlicher Funken. Wenn wir diesen Kern in uns finden, dann sind wir Gott nah. Diesen göttlichen Funken können wir auch als bedingungslose Liebe zu uns selbst bezeichnen. Er ist Lieben und Geliebtwerden in einem. Sich selbst zu lieben bedeutet folglich nichts anderes, als sich so zu lieben, wie Gott uns liebt. Gottes Liebe zu uns und unsere Selbstliebe sind identisch.

Wenn wir auf die Welt kommen, haben wir diese Liebe noch in all ihrer Größe und Reinheit in uns. Die Erfahrungen unseres Lebens führen uns allerdings oft meilenweit von ihr weg. Wir brauchen ein liebevolles Gegenüber, um die Liebe wachzuhalten. In deinem Zuhause hast du diese einfache, unbedingte Liebe aber vielleicht nicht immer gespürt. Doch es kann auch nicht sein, dass es in deinem Leben gar keine Liebe gegeben hat, denn ohne Liebe könnten wir unser erstes Lebensjahr kaum überstehen. Deine Eltern waren vielleicht zu beschäftigt mit anderen Dingen. Liebe zu zeigen wird oft mit materieller Zuwendung verwechselt oder die Unfähigkeit dazu damit kompensiert. Das prägt uns natürlich, wir erstarren oder versteinern, wenden uns von uns selbst ab und entwickeln, um zu überleben, eine gewisse Unempfindlichkeit gegenüber diesem Emotionsdefizit. Unsere Handlungen spiegeln dann diese Abtrennung von uns selbst wider, dieses »Nichtspüren«, was nur dazu führt, dass wir uns noch weiter von uns abwenden. Ein Kreislauf beginnt, der in Wahrheit nicht zu unserem Wesenskern passt.

Aber diese Liebe ist weiterhin in uns, und wir müssen und wollen uns wieder erinnern und zurück zum Urgefühl kommen, das vorhanden war, bevor wir verletzt wurden und unser Verstand die Kontrolle übernahm. Noch einmal: Das Potenzial zur unbedingten Liebe ist uns angeboren, und jeder kann ihre Energie in sich finden und sie zur Quelle seines Lebens werden lassen!

Im Islam heißt es, dass die erste Geliebte/der erste Geliebte eines jeden lebendigen Wesens es selbst ist, das eigene Ich. Die Selbstliebe ist in unserer Natur angelegt!

Sie sorgt dafür, dass man auf sein Wohlergehen achtet und sich ein aus dem Selbsterhaltungstrieb erwachsender Widerwille gegen die Aufhebung und Vernichtung des eigenen Lebens bildet. Was ist daran falsch? Wenn Gott dich liebt, warum liebst du dich nicht selbst? Falsch ist ein rücksichtsloser Egoismus, der mit einer Missachtung der Individualität des anderen einhergeht.

»LIEBE DEINEN NÄCHSTEN WIE DICH SELBST.«
(GALATER 5,14)

Diese bereits eingangs zitierte Bibelstelle impliziert, dass ich nur dann den anderen unbedingt lieben kann, wenn ich mich selbst liebe, bzw. dass eine gesunde Selbstliebe, Selbstachtung und Selbstaufmerksamkeit unbedingte Voraussetzungen sind, um auch andere ohne Bedingung lieben zu können. Wenn wir uns selbst lieben, stellt sich unbedingte Liebe ganz natürlich ein. Erinnern wir uns daran, als wir das letzte Mal sehr glücklich, vielleicht verliebt waren. Auf einmal wollen wir die ganze Welt umarmen, sehen den anderen ihre vermeintlichen Schwächen und Fehler großzügig nach. Wenn wir uns hingegen einsam und ungeliebt fühlen, bemerken wir plötzlich, dass wir kleinlich und missgünstig werden. Welcher innere Zustand gefällt dir besser?

Wenn ich fähig bin, den anderen zu achten, muss ich nicht mehr ständig in Konkurrenz treten und zeigen, dass ich besser oder stärker bin. Wer ein gesundes Maß an Selbstliebe für sich empfinden kann, wird automatisch auch die Grenzen der anderen spüren und diese beachten. Dann werden kleine und große Kriege überflüssig. Erkenne in jedem Lebendigen deine Schwester und deinen Bruder!

Insofern ist die Liebe auch mehr als ein reines Privatvergnügen, sie ist eine gesellschaftsbildende und sogar politische Kraft. Man kann es nicht oft genug sagen: Wenn du die Welt verändern willst, dann fange bei dir selbst an!

Ein chinesisches Sprichwort sagt:
»WÜRDEN DIE MENSCHEN DANACH STREBEN, SICH SELBST ZU VERVOLLKOMMNEN, STATT DIE GANZE WELT ZU RETTEN, SELBST INNERLICH FREI ZU WERDEN, STATT DIE GANZE MENSCHHEIT BEFREIEN ZU WOLLEN – WIE VIEL WÜRDEN SIE ZUR WAHREN BEFREIUNG DER GANZEN MENSCHHEIT BEITRAGEN.«

Es hilft, wenn wir uns bei unserem Bemühen um mehr Nächstenliebe immer wieder vor Augen führen, dass alle auf dem Globus verstreuten Seelen dasselbe suchen. Sie alle suchen Gott – Gott, der die bedingungslose Liebe ist. Den meisten ist das nicht bewusst. Vielleicht halten sie sich selbst sogar für Atheisten. Und sie suchen ihr Glück – die Erlösung – ausschließlich in der Außenwelt, in Geld, in Sexualität, in Beziehungen, in beruflichem Erfolg und bleiben innerlich doch häufig leer und unglücklich. Diese Dinge sind selbstverständlich wichtige Bestandteile des Lebens, aber sie sind nicht alles. Respektieren wir jeden auf seinem Weg, einem Weg, der möglicherweise so ganz verschieden ist zu unserem. Versuchen wir, ihn so zu sehen, wie er ist, und nicht zu viel zu erwarten.

HOHELIED DER LIEBE

»Wenn ich mit Menschen- und mit Engelszungen redete und hätte die Liebe nicht, so wäre ich ein tönendes Erz oder eine klingende Schelle.

Und wenn ich prophetisch reden könnte und wüsste alle Geheimnisse und alle Erkenntnis und hätte allen Glauben, sodass ich Berge versetzen könnte, und hätte die Liebe nicht, so wäre ich nichts.

Und wenn ich alle meine Habe den Armen gäbe und ließe meinen Leib verbrennen und hätte die Liebe nicht, so wäre mir's nichts nütze.

Die Liebe ist langmütig und freundlich, die Liebe eifert nicht, die Liebe treibt nicht Mutwillen, sie bläht sich nicht auf, sie verhält sich nicht ungehörig, sie sucht nicht das Ihre, sie lässt sich nicht erbittern, sie rechnet das Böse nicht zu. Sie freut sich nicht über die Ungerechtigkeit, sie freut sich aber an der Wahrheit. Sie erträgt alles, sie glaubt alles, sie hofft alles, sie duldet alles.

Die Liebe hört niemals auf, wo doch das prophetische Reden aufhören wird und das Zungenreden aufhören wird.

Denn unser Wissen ist ein Stückwerk und unser prophetisches Wissen ist Stückwerk.

Wenn aber kommen wird das Vollkommene, so wird das Stückwerk aufhören.

Als ich ein Kind war, da redete ich wie ein Kind und dachte wie ein Kind und war klug wie ein Kind; als ich aber ein Mann wurde, tat ich ab, was kindlich war.

Wir sehen jetzt durch einen Spiegel ein dunkles Bild; dann aber von Angesicht zu Angesicht. Jetzt erkenne ich stückweise; dann aber werde ich erkennen, wie ich erkannt bin.

Nun aber bleiben Glaube, Hoffnung, Liebe, diese drei; aber die Liebe ist die größte unter ihnen.«

Paulus an die Korinther, 1. Korinther 13

Den Nächsten lieben

Ziehe dich für einen Moment zurück, und lenke die Aufmerksamkeit nach innen. Wenn du spürst, dass du dich einer anderen Person gegenüber innerlich »höher« stellst, dann distanziere dich von dieser Haltung, und begegne dem anderen auf gleicher Augenhöhe. Achte und respektiere ihn als ein Gottesgeschöpf, das genauso nackt und bloß und unschuldig auf die Welt gekommen ist wie du.

Schaue dir dein Gegenüber genau an, und betrachte es als Schwester oder Bruder. Stelle dir vor, er oder sie hat die gleichen

Bedürfnisse und Wünsche wie du. Auch dein Gegenüber möchte frei sein von Ängsten, wünscht sich und seiner Familie Glück, Erfolg, Frieden, Gesundheit und vor allem, bedingungslos geliebt zu werden. Du hast jetzt die Chance, dem anderen dieses Gefühl zu schenken. Vielleicht zum ersten Mal in seinem Leben!

Stelle dir vor, wie ein Strom von warmer, liebender Energie aus deinem Herzen zu seinem Herzen fließt. Wenn du das ehrlich fühlen kannst, spürst du, wie die unbedingte, allumfassende, göttliche Liebe euch verbindet.

Wenn du diese Übung oft ausführst, wirst du spüren, dass sich die Bedürfnisse der Menschen im Grunde nicht sehr stark unterscheiden. In letzter Konsequenz geht es, wie gesagt, immer um den Wunsch, geliebt zu werden.

LIEBE IN UNSERER ZEIT

Wir stellen beim Blick in die Zeitung oder beim Verfolgen der Nachrichten im Fernsehen täglich fest, dass wir in einer Zeit der extremen Verlorenheit und globalen Desorientierung leben. Werte, die über eine lange Zeit der Menschheitsgeschichte Geltung hatten, werden immer stärker infrage gestellt oder sind schon bedeutungslos geworden.

Was erkennen wir als wertvoll an? Es sind jene Vorstellungen, die in einer Gesellschaft allgemein als erstrebenswert gelten und die uns zur Orientierung innerhalb unseres Systems helfen sollen. Es gibt moralische Werte, also z. B. Gerechtigkeit, Treue, Ehrlichkeit und Aufrichtigkeit. Wir haben religiöse Werte wie Nächstenliebe und Gottesglaube, die aber durch den Fundamentalismus einiger Religionsvertreter oftmals ad absurdum geführt werden. Als politische Werte gelten Toleranz, Freiheit, Gleichheit, Brüderlichkeit.

Das Infragestellen der traditionellen Werte und damit ihre Relativierung bringt zwar eine Befreiung von gesellschaftlichen Zwängen und Normen und eine bisher nicht gekannte Möglichkeit zur Selbstbestimmung und Entfaltung der eigenen Individualität, doch gleichzeitig kommen viele mit der neuen Freiheit nicht zurecht und tun sich schwer damit, einen Platz im Leben und in der Gesellschaft zu finden.

Der Wunsch, dem Leben einen Sinn zu geben, ist nach wie vor groß, aber die genannten Werte, die sinngebend sein könnten, sind nicht mehr verbindlich und bieten keine Orientierung mehr. Viele Menschen fühlen sich daher oft verloren. Es kommt zu einer Identitätskrise. Aus meiner Praxis heraus kann ich sagen, dass viele Patienten in einer solchen Identitätskrise stecken und ihr Symptom, ihre Krankheit der physische Ausdruck dafür ist.

Da die Identität stiftende Funktion unserer Gesellschaft schon seit einiger Zeit »kriselt«, besteht besonders für die Jugend eine große Gefahr, mangels Vorbildern ihre individuelle Identität nicht zu finden, die ihrer ureigenen, harmonischen Lebensbestimmung entspricht. So werden sie eine leichte Beute für Sekten, Fanatismus und Drogen.

Als Folge der inneren Leere, die viele empfinden, gerät man leicht in Versuchung, Ersatzbefriedigungen und Erfüllung in materiellen Dingen zu suchen. Das hat gesellschaftlich zu einer extremen Form des Kapitalismus geführt, in dem »Haben« weitaus mehr zählt als »Sein«. Mit ökonomischen Lösungen wird dann versucht, die innere Leere zu füllen. Und auch menschliche Beziehungen werden oft nur noch unter dem Aspekt des Nutzens eingegangen und – unterstützt durch das Internet – »konsumiert«.

Wissenschaft und Technik wurden mobilisiert, um die Zivilisation letztlich in eine technokratische Sklaverei zu führen. Die Wissenschaft gilt als Maß aller Dinge – nur was wir wissenschaftlich beweisen können, glauben wir auch! Aber wie ist es um die wissenschaftliche Fehlbarkeit bestellt, und was lernen wir daraus?

Wissenschaftliche Theorien wurden und werden immer wieder durch neue ausgetauscht, die man so lange für wahr hält, bis auch sie wieder überholt erscheinen. Halte dir dies bitte immer wieder vor Augen, wenn dir Wissenschaftler einmal wieder mit dem Anspruch, die absolute Wahrheit zu besitzen, gegenübertreten.

Ich möchte nicht den Anschein erwecken, ich sei der Meinung, dass wir uns von Wissenschaft und Technik verabschieden sollten. Nein, ich bin dankbar für alle guten Errungenschaften auf diesen Gebieten. Auch das ist Evolution. Aber ich wünsche mir, dass Wissenschaft und Technik in unserer Gesellschaft nicht mehr diese übergeordnete, religionsähnliche Stellung einnehmen, die sie jetzt innehaben.

Bevölkerungsexplosion wie auch genetische Manipulation und nicht zuletzt der durch die weltweit ungerechte Verteilung der Ressourcen entstandene Unterschied zwischen der reichen Minderheit und der armen Mehrheit stellen große Aufgaben für die Zukunft dar.

Die Anforderungen unserer Zeit zeigen deutlich, dass wir gefordert sind, neue Regeln und Formen des Miteinanders und des Umgangs mit uns selbst zu finden.

Hier fühle ich mich aufgefordert, Werte zu vermitteln, die auf das Erfahren und Erleben des uns innewohnenden Gefühls der unbedingten Liebe ausgerichtet sind. Es ist nicht mehr zeitgemäß, irgendeinem Guru nachzulaufen, sondern jeder sollte und darf Gott in sich selbst finden!

Die allumfassende Liebe, die wir in unserem Herzen tragen, ist der Kraftstrom, aus dem sich unser tägliches Leben speist. Ist die Liebe schwach, sind auch Körper und Geist nicht in der Lage, Höchstleistungen zu vollbringen. Stärken wir daher unsere Liebesfähigkeit! Die unbedingte Liebe zu dir selbst hilft dir auch, dein ganzes Potenzial zu entdecken und auszuschöpfen, sodass du für dich, deine Familie, deine Freunde und dein ganzes Umfeld ein Reich der Harmonie, des Friedens und der Liebe erschaffen kannst. Je mehr wir diese Liebe einem jedem, der uns begegnet, zuteilwerden lassen, je mehr Liebe wir verströmen, desto mehr Liebe wächst in uns und desto mehr Liebe erhalten wir auch zurück!

ÜBUNG 3

Sich stärken

Versetze dich in eine Situation, in der du dich voll und ganz glücklich und zufrieden gefühlt hast. Ein Erlebnis, bei dem du völlig Liebe empfunden hast, ganz in diesem Gefühl aufgegangen bist, bei dem du dir deiner selbst ganz bewusst warst, bei dem absolutes Vertrauen und uneingeschränkte Verbundenheit da waren, bei dem du ganz du warst. Eine Situation, die du durch und durch positiv erlebt hast. Und die gibt es.
Jeder kennt so eine Situation und hat so eine Stimmung schon einmal erlebt. Auch du.

Nimm dir Zeit, und spüre in dich hinein.

Dies kann auch ein Moment gewesen sein, in dem du Sport getrieben, meditiert oder Musik gemacht hast oder spazieren gegangen bist etc. Nimm dir Zeit, und spüre ganz tief in die Situation hinein. Genieße es, genieße es … Wie geht es dir dabei? Was nimmst du wahr? Was spürst du? Welche Klänge, Töne, Geräusche hörst du? Was riechst du? Gibt es einen ganz besonderen Geschmack, den du wahrnimmst? Welche Bilder und Farben siehst du? Schreibe dir alle Merkmale auf, die du wahrnimmst und die die Frage beantworten: »Wie fühlt es sich an/wie ist es?«. Es ist wichtig, dass du die Eigenschaften/Zustände beschreibst.

Alles, was du fühlst, ist richtig und legitim. Wenn du beispielsweise nichts siehst, dann ist das auch in Ordnung.

Schaue dir die Eigenschaften der Dinge, die da sind, an, und beschreibe sie. Hier ein Beispiel für einen möglichen Zustand: warm, weich, hell, fließend, klar, rot, blau etc.

Wenn du diesen Zustand intensiv empfindest, kannst du das Ganze noch verstärken, indem du diese Situation für dich im Körper verankerst. Suche dir eine Stelle deines Körpers aus, die für dich stimmig ist und die du bequem und unauffällig erreichen kannst. Nun versetze dich ganz in jenen positiven Zustand, und drücke dann mit deinem Daumen auf die ausgesuchte Stelle. Diese Eigenschaften sind immer in dir, immer für dich da, auch wenn du sie nur in bestimmten Momenten wahrnehmen kannst.

Lerne, diese guten Eigenschaften/Zustände immer bewusster in dein Leben zu integrieren, indem du dich in Situationen, in denen es dir schlecht geht, über das Drücken der erwählten Stelle an deinem Körper mit ihnen verbindest. Mache sie zu deinem persönlichen Anker.

Du kannst mit jedem positiven Zustand, den du intensiv und bewusst erlebst, so verfahren. Von Mal zu Mal wird die positive Kraft deines Ankerpunktes dadurch verstärkt.

Du kannst diese Übung immer und zu jeder Zeit ausführen, in jeder noch so alltäglichen Situation. Betrachte das tägliche Leben als dein Trainingsfeld.

ARBEIT AN SICH SELBST

Wollen wir eine tiefer gehende Veränderung unseres Bewusstseins erreichen, müssen wir an uns arbeiten.

Wenn wir es ernst meinen, ist es eine Arbeit, die uns unser ganzes Leben begleiten wird, denn dem Zustand der absoluten Vollkommenheit unseres Selbst werden wir uns auf Erden lediglich annähern können. Hauptsache ist, dass wir uns überhaupt auf den Weg dorthin begeben. Aber wir werden immer wieder Momente der Vollkommenheit erleben. Sie werden uns den Mut und die Kraft geben, unseren Weg beharrlich weiterzugehen.

DAS LEBEN IST UNSER BESTER »SCHULUNGSWEG«.

Keine noch so gute Schulung über eine Religion oder einen anderen »Einweihungsweg« kann uns so umfassend lehren wie das Leben selbst. Oft haben wir aus den verschiedensten Gründen auch gar nicht die Möglichkeit, Seminare zu besuchen, eine Pilgerreise anzutreten oder dergleichen. Diejenigen, bei denen dies der Fall ist, kann ich beruhigen: Solche Unternehmungen können einen sicherlich bereichern und weiterbringen, sie sind aber für die Arbeit an sich selbst (im Folgenden Selbstmeisterung genannt) nicht unbedingt notwendig. Was hingegen unerlässlich ist, ist, dass wir uns Zeit für uns selbst nehmen, Zeit, in der wir allein sind und das Telefon, das Handy, den Computer, den Fernseher abstellen – und sei es nur für eine Viertelstunde am Tag – und uns ganz auf uns konzentrieren. Diese »Arbeit« kann uns keiner abnehmen. Nur so ist es uns möglich, Abstand zu gewinnen und besser zu erkennen, was die geistige Welt für uns vorsieht. Oft übersehen wir die Zeichen, weil wir unentwegt beschäftigt sind. Zugleich sollten wir uns vor Überinterpretation hüten. Betrachten wir diese Fingerzeige als mögliche Wegweiser und versteifen uns nicht auf eventuell enthaltene Botschaften.

INNEHALTEN

Im Alltagsleben sind wir innerlich ständig mit dem beschäftigt, was wir erlebt haben, und mit dem, was wir erleben werden. Das heißt, wir denken ständig entweder zurück oder voraus. Den gegenwärtigen Augenblick, das Jetzt, empfinden wir sehr selten bewusst. Es ist also wichtig, immer mal wieder aus der Gewohnheit, in der Vergangenheit oder der Zukunft zu leben, auszusteigen.

In meiner Übungspraxis habe ich irgendwann gemerkt, dass ein wesentlicher Bestandteil meines Erfolges darauf beruht, dass ich in der Lage bin, meinen Fokus auf die Gegenwart auszurichten und mich in unbedingter Liebe mit meinen Klienten zu verbinden. Auch du, lieber Leser, kannst dich im Innehalten üben.

Wenn du lernst, innezuhalten, kann es dir gelingen, auf Situationen deines Lebens nicht gleich mit vorhandenen »Erfahrungswerten«, Mustern, Urteilen, eingeübten Verhaltensweisen zu reagieren. Wenn du also feststellst, dass du auf einen Menschen in gewohnter, vielleicht unproduktiver Weise reagieren möchtest, halte inne!

Du kannst wirklich jede Situation deines Lebens als »Schulungsübung« ansehen. Wenn du z. B. auf den Bus warten musst, könntest du, statt ungeduldig zu werden, eine Übung in »bewusstem Stehen« durchführen. Fühle, wie deine Füße den Boden berühren, spüre deinen ganzen Körper, deine Atmung, genieße die Zeit, die du gerade jetzt für die Übung »bewusstes Stehen« geschenkt bekommen hast. Mache alle Tätigkeiten, die du in deinem Alltag ausführst, zu Meditationsübungen, und du wirst sehr schnell spüren, wie sich dein inneres Erleben intensiviert.

Achtsamkeit, bekanntermaßen das große Thema östlicher Spiritualität, ist hier das Stichwort. Das Innehalten hat viele Aspekte, die ich im Weiteren auch noch erläutern werde; die Achtsamkeit ist ein wesentlicher davon.

LERNE, ACHTSAM GEGENÜBER ANDEREN MENSCHEN, TIEREN, PFLANZEN, MINERALIEN, DEN ELEMENTEN UND, AM WICHTIGSTEN, GEGENÜBER DIR SELBST ZU SEIN.

Achtsam zu leben heißt, mit der Aufmerksamkeit in der Gegenwart zu sein, und es ist deshalb so wichtig, weil es uns zu uns selbst zurückbringt. Wenn wir sagen, wir sind bei uns, heißt das in der Regel, dass wir uns wohlfühlen. Von sich entfernt oder entfremdet zu sein, ist häufig die Ursache für Unglücklichsein. Doch warum entfernen wir uns von uns selbst? Meistens weil wir es zulassen, dass unsere Aufmerksamkeit von unseren Gedanken, die ständig um Vergangenheit und Zukunft kreisen, vereinnahmt wird. Innehalten, verbunden mit Achtsamkeit, zu der man sich natürlich immer wieder anhalten muss, führt zurück aus der Verkopftheit ins Gefühl und zu sich selbst. Erlösung bedeutet immer auch Loslösung von der Herrschaft des Denkens. Nur wenn man sich in diesem inneren Zustand der Gegenwärtigkeit und »Gedankenlosigkeit« befindet, ist es überhaupt möglich, zur bedingungslosen Liebe in sich vorzudringen. Je besser uns dies gelingt, je weiter wir in unserer Selbstmeisterung kommen, desto mehr Liebe strömt in alle Dinge, ohne Bedeutung von Zeit und Ort.

Innehalten ist nicht mit einer feigen Innerlichkeit oder Weltflucht gleichzusetzen, was leider häufig getan wird. Im Gegenteil, diese neue innere Haltung soll uns helfen, im äußeren Leben besser zurechtzukommen!

Sie kann uns auch darin unterstützen, das, was wir Realität nennen, besser anzunehmen. Und wie schwierig ist das oft! Durch Achtsamkeit werden die im Kopf entstandenen Vorstellungen davon, wie das Leben zu sein hat, geschwächt, und wir sehen klarer, was wirklich ist. Wir treten sozusagen innerlich zurück und spüren immer mehr die Liebe, die allen Erscheinungen des Seins zugrunde liegt.

Fjodor Dostojewski hat einmal geschrieben, dass unser Leben wohl etwas unglaublich Einfaches sein müsse und wir deshalb immer wieder an ihm vorbeigingen, ohne es zu erkennen.

Durch Achtsamkeit kann unser Leben zudem einfacher werden. Wir neigen zu der Annahme, dass das Leben sehr kompliziert ist und wir ein hohes Tempo vorlegen müssen, um es zu meistern. Das Gegenteil ist der Fall. Das Leben und die Wahrheit der ganzen Schöpfung sind im Grunde sehr einfach. Wir müssen nur lernen, das Leben zu lesen. Da die Menschen glauben, die Lösungen ihrer Probleme könnten nur kompliziert sein, achten sie gar nicht auf die eigentliche Einfachheit des Lebens. In dieser irrigen Vorstellung gefangen, lehnen die meisten die Wahrhaftigkeit der unbedingten Liebe ab.

Je hochgestochener, je komplizierter und je weniger nachvollziehbar beispielsweise jemand imstande ist zu reden, desto ehrfurchtsvoller wird ihm zugehört. Selbst wenn wir nicht verstehen, was er ausgesagt hat, denken wir: »Oha, was für gehaltvolle, kräftige Worte. Ich habe zwar nichts verstanden, aber das liegt wohl daran, dass der andere einfach viel intelligenter ist als ich ...«

Innehalten ist also der erste Schritt. Wenn wir diesen nicht gehen, werden wir – häufig durch Krankheiten – irgendwann innegehalten.

Ein Spruch, der dabei helfen kann, innezuhalten und in die Ruhe zu gelangen, stammt von Rudolf Steiner:

> »ICH TRAGE RUHE IN MIR, ICH TRAGE IN MIR SELBST DIE KRÄFTE, DIE MICH STÄRKEN.
> ICH WILL MICH ERFÜLLEN MIT DIESER KRÄFTE WÄRME, ICH WILL MICH DURCHDRINGEN MIT MEINES WILLENS MACHT. UND FÜHLEN WILL ICH, WIE RUHE SICH ERGIESST DURCH ALL MEIN SEIN; WENN ICH MICH STÄRKE, DIE RUHE ALS KRAFT IN MIR ZU FINDEN, DURCH MEINES STREBENS MACHT.«

ÜBUNG 4

Die Welt lieben

Konzentriere dich auf dein Herzchakra in der Mitte deines Brustkorbes. Stelle dir nun vor, wie du goldenes Licht in das Chakra hineinatmest. Halte einen Moment die Luft an, und betrachte, wie sich dein Herzchakra vollkommen mit goldener Liebe füllt.

Atme jetzt kontrolliert und lange aus, und stelle dir vor, dass du diese Liebe nun auch in die ganze Welt verströmen kannst.

Bewusst werden

Die Sinne schulen

Du kannst diese Übung zu Hause durchführen. Intensiver ist ihre Wirkung jedoch, wenn du in die Natur gehst, einen schönen Ort findest, an dem du dich wohlfühlst, und dort diese Übung durchführst. Lasse dich einfach leiten. Gehe hinaus mit dem Gedanken: »Ich finde meinen Platz«, und lasse dich dann einfach führen.

Wenn du an einem Platz angekommen bist, der sich richtig anfühlt, mache es dir bequem, machst einige ganz bewusste Atemzüge, schließe die Augen, und nimm dann fünf Dinge wahr, die du hörst, fünf Dinge, die du schmeckst, fünf Dinge, die du fühlst, fünf Dinge, die du riechst, und fünf Dinge, die du siehst – dafür machst du die Augen zwischendurch natürlich wieder auf. Dann nimm vier Dinge wahr, die du siehst, vier, die du hörst, vier, die du schmeckst, vier, die du fühlst, und vier, die du riechst. Wiederhole es mit drei, dann mit zwei Sachen und schließlich mit einer, die du siehst, hörst, schmeckst, fühlst und riechst. Die Reihenfolge von Sehen, Hören, Schmecken, Fühlen und Riechen musst du nicht unbedingt einhalten. Es kann sein, dass du zuerst Dinge wahrnimmst, die du fühlst oder riechst. Lasse es geschehen, wie es kommt. Wichtig ist nur, dass du immer alle Sinne ansprichst. Wenn ein Sinn sehr dominant ist und oft als Erstes angesprochen wird, kann es sein, dass es sich dabei um deinen Hauptsinn handelt. Wenn du z. B. zuerst etwas siehst, achte darauf, ob sich in deinem Wortschatz viele Wörter befinden, die mit Sehen zu tun haben.

Diese Übung lehrt dich, die Dinge und Geschehnisse in deinem Leben wieder mit allen fünf Sinnen wahrzunehmen. Du kannst sie, nachdem du sie das erste Mal in aller Ruhe durchgeführt hast, überall und jederzeit machen. Wenn du deine fünf Sinne bewusster einsetzt, fällt es dir viel leichter, deinen sechsten und deinen siebten Sinn zu aktivieren. Diese Übung ist auch eine Vorbereitung für die Ausbildung dieser höheren Sinne.

Die feinstofflichen Sinne haben mit Ahnung, Hellfühligkeit und Hellsichtigkeit zu tun!

DER WERT DER EMPFINDSAMKEIT

Das Leben in seiner ganzen Fülle auszukosten – wer sehnt sich nicht danach? Erreichen können wir dies, indem wir empfindsam sind. Doch die Empfindsamkeit ist aus der Mode gekommen und wird oft mit Schwäche gleichgesetzt. Insbesondere betrifft dies natürlich Männer. Leicht geraten sie unter den Verdacht, lebensuntauglich zu sein, sobald sie auch nur die geringsten Anzeichen von Empfindsamkeit zeigen. Im Zuge der Emanzipation gilt dies allerdings zunehmend auch für Frauen. Leider. Denn die Sehnsucht nach Fülle und damit Intensität und Lebendigkeit bleibt bestehen und bahnt sich ihren Weg dann häufig in die falsche Richtung: Das neueste Handy oder das noch schnellere Auto muss den Mangel an wahrhaftigem Erleben ausgleichen – um nur zwei Beispiele zu nennen. Dabei muss das eine das andere nicht ausschließen! Das ist der Denkfehler, der so oft gemacht wird. Man kann durchaus sowohl mit beiden Beinen fest im Leben stehen und sich an materiellen Dingen erfreuen als auch offen sein für die Schönheit der einfachsten Dinge, wie z. B. die einer Blume.

Um unserer selbst willen sollten wir in uns wieder einen Raum schaffen, in dem wir unsere Empfindungen ausleben können. Das macht unser Leben reicher und ist die Voraussetzung, um wahrhaftig lieben zu können.

Berührung ist das Zauberwort. Nur wenn wir fähig sind, uns berühren zu lassen, von Dingen, von Menschen, können wir das ganze Potenzial unserer Liebe ausschöpfen. Es gibt Menschen, die innigst geliebt werden und nichts davon spüren, weil ihr Herz verschlossen ist. Zugleich sehnen sie sich womöglich verzweifelt nach Liebe, aber sie sind so sehr in ihren Gedanken und emotionalen Mustern gefangen, dass sie die Zuneigung, die ihnen entgegengebracht wird, nicht wahrnehmen können. Empfindsam werden heißt also offen und empfänglich werden. Für viele ist das mit Angst vor Verletzung verbunden. In der Tat sollten wir uns schützen. Aber es gilt auch, dass das eine das andere nicht ausschließt und dass man lernen kann, sowohl offen zu sein als auch Nein zu sagen.

Oft fühlst du dich vielleicht auch zu schwach, deine Gefühle zu zeigen, da du Angst vor einer Bewertung hast. Der Grund dafür ist vermutlich, dass irgendwann einmal, als du Gefühle gezeigt hast, ein Vertrauensmissbrauch stattgefunden hat. Dein verletztes Unterbewusstsein meldet sich sofort, wenn es um Gefühle geht, und warnt dich: Zeig bloß keine Emotionen, sonst wirst du wieder verletzt! Wenn du deine Gefühle aber vor der Außenwelt und vielleicht sogar vor dir selbst verstecken willst, so erzeugt diese Unwahrhaftigkeit Blockaden. Ehrlichkeit hingegen befreit! Wenn deine Eltern auch schon sehr darauf bedacht waren, ihre Emotionen nicht zu zeigen, dann hast du wahrscheinlich schon von ihnen dieses Muster übernommen.

Der Mut zur Verletzlichkeit wird uns mit anderen auf eine Weise in Kontakt bringen, wie wir es noch nie erlebt haben. Auch eine oberflächliche Beziehung hat ihren Wert, aber nur, wenn eine Beziehung in die Tiefe geht, wird sie uns mit wirklicher Befriedigung erfüllen und uns das ersehnte Gefühl der Lebendigkeit schenken. Ich bin mir sicher, dass nicht wenige Leser das Phänomen kennen, dass eine Begegnung, die schon Jahre zurückliegt, immer noch in uns nachklingt. Wenn dies der Fall ist, sie ein Echo findet, heißt dies, dass sie uns, unser Herz berührt hat. Das ist eine wunderbare Erfahrung, die uns ein Leben lang nähren kann und für die wir dankbar sein können. Denn es werden sicher auch Phasen in unserem Leben kommen, in denen wir uns einsam fühlen und auf uns selbst gestellt sind. Abgesehen von den schönen Erinnerungen hilft uns auch in dieser Situation wiederum die Empfindsamkeit. Sie ist ein weiterer Aspekt des Innehaltens.

Wenn wir innehalten, die Aufmerksamkeit auf die Gegenwart lenken und mit allen Sinnen wahrzunehmen versuchen, was sich in uns und um uns herum abspielt, wird sich nach und nach eine größere Wertschatzung dessen, was ist, einstellen. Selbst unangenehme Dinge bekommen eine andere Qualität. Und es gibt keine Langeweile mehr. In einem dumpfen und rohen Bewusstseinszustand bedarf es immer stärkerer, aggressiverer Reize, z. B. auch in Form von Gewaltdarstellungen im Film oder tatsächlicher Gewalt, damit sich der Mensch lebendig fühlt. Der Weg der Empfindsamkeit ist der genau entgegengesetzte. Durch die Schulung unserer Sinne werden diese feiner. Es reichen dann schon subtile Reize aus. Kleinigkeiten können heftige Empfindungen auslösen. Vielleicht brauchen wir jetzt mehr Zeit für uns selbst, um all die Eindrücke zu verarbeiten, aber diese Fülle an Empfindungen ist ein Zuwachs an innerem Reichtum, der uns auch unabhängiger macht: Wir stellen fest, dass die ganze äußere Welt auch in uns lebt. Auf eine Weise werden wir also zarter – und zärtlicher. Vergessen wir nicht, was unser Ziel ist: die bedingungslose Liebe! Und sie ist eine zärtliche Liebe. Eine zärtliche Liebe für alles Existierende, uns eingeschlossen. Es fällt uns immer leichter, uns in einen anderen hineinzuversetzen, da der andere ja auch in uns lebt. Und je leichter uns dies fällt, desto leichter fällt es uns auch, sie zu lieben. Geradezu unmerklich stellt sich Liebe ein, dehnt sich aus und schließt zunehmend auch die Dinge des Alltags, Tiere und Pflanzen, sogar Gegenstände mit ein.

Nun widerstrebt es uns, etwas zu zerstören, ein lebendiges Wesen, ob Mensch, Tier, Pflanze, zu verletzten. Unwillkürlich ist unsere Achtung dem Du gegenüber gewachsen, ist es uns ein Bedürfnis, dem anderen seine Freiheit und seine Eigenart zu lassen.

INTUITION

> »SCHÖN SIND DIE PFADE, ERHABEN DAS ZIEL UND RASCH DIE FÜSSE DERER, DIE DEM WEGE DER … LEISEN INNEREN STIMME FOLGEN; UND DIESER WEG FÜHRT ZUM HERZEN DES UNIVERSUMS.«[1]

Dieses Zitat von Gottfried von Purucker beschreibt den Kern der Botschaften der großen Mysterien des Altertums – die Vereinigung des einfachen Menschenwesens mit seinem göttlichen Ursprung, der in jedem von uns als ein Funke des zentralen Feuers des Schöpfers aller Welten vorhanden ist.

Um diese innere Stimme, die die Stimme unserer Intuition ist, hören und ihr folgen zu können, müssen wir still werden. Sich selbst und anderen zuzuhören und damit die eigene Realität und die Realitäten im eigenen Umfeld zu erkennen, gehört zu den wichtigsten Voraussetzungen der Selbstmeisterung. Dieses Thema ist der nächste Aspekt des Innehaltens. Da wir in der heutigen Zeit, in der wir uns einen immer schnelleren Lebensrhythmus angewöhnen, eher »kopflastig« geprägt sind, wird der Verstand in der Regel durch das Leben selbst geschult und trainiert. So möchte ich hier dazu ermutigen, sich auf das »Bauchtraining«, die Emotions- und Intuitionsschu-

1 Gottfried von Purucker: Goldene Regeln der Esoterik. Theosophischer Verlag 1990 (www.theosophie.de).

lung, zu konzentrieren, um so dem Emotionalkörper mehr Raum zu geben. Das führt zum besseren Verständnis unserer Intuition, zum Verstehen unserer inneren Stimme und möglicherweise zur besseren Kommunikation mit der geistigen Welt.

> GOTTES STIMME IST FÜR UNS NUR ÜBER DEN EMOTIONALLEIB, ÜBER UNSERE GEFÜHLE ZU HÖREN.

Die Stimme Gottes und auch die Stimme unserer Intuition sowie die Stimmen der guten Geister sind nur über unseren Emotionalkörper vernehmbar. Die Stimmen, die du in deinem Kopf hörst, kommen nicht aus dem Lichtreich der guten Kräfte, und wenn sie keine Resonanz im Bauch finden, sind sie Trugstimmen. Nur wenn sich die Stimmen in einem bestimmten Bauchgefühl äußern, sind sie wahrhaftig!

> EINE ZEHNTELSEKUNDE BEVOR SICH DEIN KOPF EINSCHALTET, HAST DU EIN ERSTES GEFÜHL BEZÜGLICH EINER SACHE, UND DIESES GEFÜHL IST WAHRHAFTIG.

Du kennst sicher dieses erste Gefühl, das du in einer Situation hast, kurz bevor der Verstand die Situation wieder nach moralischen oder anderen vermeintlich vernünftigen Kriterien bewertet. Dieses Gefühl stellt sich in der Rückschau dann aber meist als richtig heraus. Deshalb meine Frage an dich: Was wäre anders gelaufen, wenn du in solchen Momenten auf dieses Gefühl gehört hättest?

In einem Interview mit Wolfgang Menge anlässlich seines 75. Geburtstages fragte man ihn nach seinen Lebensweisheiten. Er antwortete: »Wenn ich noch mal beginnen könnte, würde ich mehr auf meinen Bauch hören. Im Rückblick stelle ich fest, dass meine Kopfentscheidungen in der Regel nicht so gesegnet waren. Meine Bauchentscheidungen jedoch waren meist die richtigen.« Ich kann ihm da nur zustimmen.

An dieser Stelle möchte ich anmerken, dass ich es für sehr wichtig und segensreich halte, einen klugen Kopf zu besitzen, und dass ich die Verstandeskräfte nicht herabsetzen möchte. Ich wünsche mir lediglich, dass sich Verstand und Gefühl sich wieder mehr im Gleichgewicht befinden.

Nicht die Anhäufung von intellektuellem Wissen – durch die man lediglich imstande ist, die Erscheinungswelt zu analysieren –, sondern die sich durch die Liebe erschließende Erkenntnis führt den Menschen seiner geistig-göttlichen Bestimmung zu.

Dazu noch ein Erlebnis aus eigener Erfahrung: Als ich meine Ausbildung im Hotelgewerbe absolvierte, kam ich oft über Monate nicht nach Hause. An einem Sonntag wachte ich gegen 5 Uhr auf und hatte das unbedingte Bedürfnis, sofort zum Haus meiner Großeltern, in dem auch meine Eltern wohnten, zu fahren. Ein Gefühl, das ich so eigentlich nicht kannte. Ich stand auf, ging zum Bahnhof und nahm den ersten möglichen Zug. Gegen 10 Uhr kam ich am Haus meiner Großeltern an und klopfte an die Haustür. Ich war verwundert über die vielen Verwandten, die da waren, und begrüßte sehr freudig meine Großmutter. Sie sah traurig aus und sagte zu mir: »Weißt du denn nicht, dass Opa heute Morgen gestorben ist?«

Sie ging davon aus, dass ich gekommen war, weil man mich angerufen hatte. Dem war aber nicht so, die Nachricht war aus einer anderen Sphäre zu mir gedrungen!

Solche und ähnliche Situationen erleben sehr viele Menschen, aber meist ignorieren sie ihre innere Stimme. Wir sollten lernen, unseren Impulsen mit Vertrauen zu folgen. Dass wir dies oft nicht tun, hat die verschiedensten Gründe. Manchmal erscheint es uns unbequemer, dem Impuls zu folgen, als in alten Mustern zu bleiben. Manchmal haben wir Angst vor der Reaktion der anderen und wissen nicht, was uns erwartet, wenn wir unserer inneren Stimme folgen. Manchmal misstrauen wir ganz einfach unserer Spontaneität, die ja auch eine Art Kontrollverlust nach sich zieht.

Bei jeder Entscheidung solltest du deinen Bauch befragen. Wenn er Ja »sagt«, dann hast du es wahrscheinlich mit einem wahren und aufrichtigen Impuls zu tun. Wenn er unentschlossen ist, dann besteht kein akuter Handlungsbedarf, und du solltest nochmals eine Nacht darüber schlafen. Wenn dein Bauch Nein »sagt«, dann »höre« darauf, denn dann stammt das, worum es geht, nicht aus der ehrlichen, liebenden Quelle.

In allen Lebensbereichen und -abschnitten sind wir immer wieder aufgefordert, in uns hineinzuhorchen und unsere Wahrheit zu bestimmten Angelegenheiten zu erfahren. Was wünschen wir uns? Was wollen wir erreichen? Was macht uns Spaß? Wo sind unsere Grenzen? Was brauchen wir? Nur indem wir mithilfe der Selbstwahrnehmung Stück für Stück unserer selbst bewusst werden, können wir dauerhaft erfolgreich sein.

Wie sollen wir – im Rahmen der vorgegebenen Möglichkeiten – unser Leben gestalten, wenn wir nichts über uns wissen? Der nächste Schritt ist dann, dass wir uns und unsere Wünsche, Ziele und Bedürfnisse ernst nehmen. Vielen fällt das nicht leicht. Sie tun ab, was sie in sich erkennen, und bringen damit ihren Mangel an Selbstachtung zum Ausdruck. Doch auch das gehört zur Selbstliebe: die eigene innere Welt anzuerkennen.

Zugleich sollten wir uns immer wieder die Mühe machen – sofern es überhaupt eine Mühe ist, eigentlich ist es auch ein natürlicher Impuls –, uns in andere hineinzuversetzen, hineinzuspüren, ihnen zuzuhören. Was wünscht sich der andere? Was will er erreichen? Was macht ihm Spaß? Wo sind seine Grenzen? Was braucht er? Wir spüren auf diese Weise besser, was möglich ist, und gelangen so mit unserer Umwelt in eine größere Harmonie.

> Im Buddhismus heißt es:
> »ERST ICH, DANN DU, UND WENN WIR BEIDE DAS GUT VERSTANDEN HABEN, WIRD EIN WUNDERBARES WIR DARAUS.«

Um sowohl tief empfinden zu können als auch fähig zu sein, die Stimme der Intuition zu hören und ihr zu folgen, bedarf es Selbstvertrauen. Ohne Selbstvertrauen werden wir uns diesen höheren und tieferen Dimensionen unseres Seins immer wieder verschließen. Was uns davon abhält, zu vertrauen, ist die Angst. Sie ist der große Blockierer und Gegenspieler der Liebe (siehe Kapitel 6). Um besser mit der Angst umgehen, sie vielleicht teilweise überwinden zu können, müssen wir als Erstes lernen, sie besser zu verstehen.

Angst vor dem Tod

DIE URANGST

Unsere Urangst ist die Angst vor dem Tod. Um sie kreist unser ganzes Leben, und wir versuchen immer wieder, dieses Thema weit wegzuschieben, und sehen den Tod gar als Gegner.

Dabei wird vergessen, dass Alter und Tod auch etwas mit Weisheit und Einblick in andere Daseinswelten zu tun haben. Früher war es üblich, einen Sterbenden kurz vor seinem Abschied von dieser Welt um »letzte Worte der Weisheit« zu bitten. Einige der großen Menschheitsfragen lauten: »Gibt es ein Leben nach dem Tod? Was kommt danach? Was, wenn alles für immer und ewig vorbei ist und sich nach einiger Zeit niemand mehr an mich erinnert?« Diese Vorstellung ist beängstigend. Kann es wirklich sein, dass mit dem Körper auch der Geist und die Seele begraben werden? Für den, der in seinem Leben schon mehrfach an der Schwelle des Todes stand und in die geistige Welt schauen durfte, verliert sich aber der Schrecken. Er erkennt den Tod als Übergang in ein anderes Dasein, als das, was er wirklich ist:

DER TOD IST DIE GEBURT IN EIN NEUES LEBEN.

Das heißt nun nicht, dass es unser Ziel sein sollte, möglichst schnell in die andere Sphäre zu gelangen. Ganz im Gegenteil. Einen friedvollen und ausgesöhnten Übergang erhalten wir nur dann, wenn wir unser Leben auf natürliche Weise vollenden.

Ich weiß für mich in tiefem Vertrauen, dass der Tag, an dem ich diese Welt verlassen werde, der richtige Tag sein wird. Das macht mich frei, jeden Tag und jede Situation als ein Geschenk anzusehen.

Diese Qualität erreichen wir in unserem Leben nur, wenn wir in uns eine Bewusstheit für unsere Endlichkeit schaffen. Oder, anders gesagt: Die Auseinandersetzung mit dem ja ohnehin unausweichlichen Ende des Erdenlebens ist etwas, was die Lebenskräfte stärkt. Die Überwindung der Angst vor dem Tod kann also durch deine Aussöhnung mit ihm zur Überwindung all deiner Ängste, die dein tägliches Leben belasten, führen und eine große Befreiung bewirken. So wünsche ich dir, lieber Leser, dass du den Tod in dein Leben integrieren und dich somit aus der Enge befreien sowie in Liebe, Weisheit und Freiheit wachsen kannst.

Der Begriff »Angst« stammt aus einem vorgermanischen Wortstamm, der übersetzt »verbunden mit

Enge« bedeutet. Das Wort »Tod« geht auf den vorkeltischen Begriff »Dhunios« zurück, was sowohl »Mensch« als auch »Sterblicher« bedeutet. Die Angst ist vergleichbar mit Nebelschwaden, die sich ausbreiten. Alle Realität wird durch sie verfälscht wahrgenommen. Wir sehen nur noch diffuse Umrisse. Sobald wir aber nicht mehr den Nebel betrachten, sondern unsere Aufmerksamkeit auf die Dinge richten, die in ihm verborgen liegen, und dann unseren Blick auf eine Sache fokussieren, so wird diese immer deutlicher, und ihre reale Größe ist erkennbar. Frage dich, wovor du eigentlich Angst hast. Allein dadurch, dass du dir diese Frage stellst, wirst du eine befreiende Wirkung spüren.

Indem wir erkennen, wovor wir uns eigentlich fürchten, können wir die Energie, die wir zuvor in die Angst gesteckt haben und die in uns abbauende Kräfte verursacht hat, wieder zu uns zurückholen und sie in aufbauende Kraft verwandeln. Die Angst bezieht ihre Kraft aus der Macht des Unbekannten. Solange du deinen Gegner nicht kennst, seine Bedrohung aber spürst, befindest du dich in einer lähmenden Situation. Ist dir aber bewusst, aus welcher Richtung der Angriff kommt und mit wem du es zu tun hast, kannst du dich entsprechend verhalten. Versuche also, dich deiner Angst zu stellen, indem du dir überlegst, was schlimmstenfalls passieren kann.

Oft relativiert sich die Angst in dem Moment, in dem du dich nicht mehr abwendest, sondern fokussierst, was denn das Gegenteil von dem ist, wovor du dich fürchtest.

Die vielen kleinen Tode, die uns in ihrer Ausdrucksform Angst im täglichen Leben in den verschiedensten Varianten begegnen, sollten wir als Tore zu neuen Erlebniswelten betrachten. Dein tägliches Leben in all seinen Facetten ist der Trainingsweg. Wisse, dass alles, was dir in diesem Leben begegnet, Möglichkeiten sind, Erfahrungen und Erkenntnisse zu sammeln. Und diese Erfahrungen und Erkenntnisse sind es, die dein Leben erst reich machen. Ich glaube, dass jeder, der ernsthaft versucht, die Schöpfung in ihrer unglaublichen Vielfalt und Schönheit zu begreifen, ein Gefühl für das ewige »Stirb und Werde« entwickelt.

Selige Sehnsucht

Sag es niemand, nur den Weisen,
Weil die Menge gleich verhöhnet:
Das Lebendge will ich preisen,
Das nach Flammentod sich sehnet.

In der Liebesnächte Kühlung,
Die dich zeugte, wo du zeugtest,
Überfällt dich fremde Fühlung,
Wenn die stille Kerze leuchtet.

Nicht mehr bleibest du umfangen
In der Finsternis Beschattung,
Und dich reißet neu Verlangen
Auf zu höherer Begattung.
Keine Ferne macht dich schwierig,
Kommst geflogen und gebannt,
Und zuletzt, des Lichts begierig,
Bist du Schmetterling verbrannt.

Und so lang du das nicht hast,
Dieses: Stirb und Werde!
Bist du nur ein trüber Gast
Auf der dunklen Erde.

Johann W. von Goethe

Sich der eigenen (Un-)Sterblichkeit bewusst werden (nach Wulfing von Rohr, www.wulfingvonrohr.info)[2]

Schließe die Augen.

Beobachte deinen Atem, wie er frei ein- und ausströmt.

Entspanne dich im Körper und im Geist …

ÜBUNG 6

2 Der Text ist von mir gesprochen auch auf CD erhältlich: Aldo Berti: Sei heil, gesegnet und geliebt! Heilsame Meditationen. Schirner 2013.

Stelle dir die gleich folgenden Fragen. Nimm sie auf, ohne dabei zu urteilen oder zu bewerten, egal welche Assoziationen, Bilder, Gefühle, Einsichten oder Reaktionen dir dabei kommen mögen.

Versuche, einfach nur zu beobachten, was da kommen mag.

Höre ganz bewusst auf die Stimme in dir, sei bereit, ihr zu lauschen.

Spüre ich Schmerzen oder einen Verlust, weil jeden Tag, jede Stunde, jede Minute, viele kleine Zellen in meinem Körper sterben?

Spüre ich Freude oder einen Gewinn, weil jeden Tag, jede Stunde, jede Minute, viele kleine Zellen in meinem Körper geboren werden?

Spüre ich Leiden oder ein Defizit, weil jeden Tag, jede Stunde, jede Minute, sich alte Gedanken auflösen?

Spüre ich Freude oder einen Gewinn darüber, weil sich ständig neue Gedanken bilden?

Spüre ich Schmerz, wenn Gefühle vergehen?

Spüre ich Freude, wenn Gefühle neu entstehen?

Stelle dir den Kreislauf des Mondes vor: zunächst den Dunkelmond – dann den Neumond – zunehmender Halbmond – Vollmond – abnehmender Halbmond – Neumond – und immer so weiter.

Bin ich mir bewusst über den ständigen Fluss meines Lebens?

Wo sehe ich mich zum heutigen Zeitpunkt darin?

Fühle ich mich sicher und getragen oder eher vom Lebensstrom mitgerissen?

Möchte ich mich immer in diesem Fluss befinden, oder sehne ich mich eher nach Ruhe?

Wie und unter welchen Bedingungen möchte ich aus diesem Fluss heraussteigen?

Was möchte ich vorher noch erledigen, was ist mir wichtig?

Wenn ich noch zehn Jahre vor mir hätte, in und mit diesem Körper zu leben, was wäre mir dann wichtig? Was würde ich mir für diese Zeit vornehmen, was würde mir wichtig sein, wie würde ich diese Zeit nutzen, was würde ich noch erleben wollen?

Wenn mir noch ein Jahr bliebe, dieses Leben hier auf der Erde zu führen, was hätte dann Priorität für mich, was würde ich Wichtiges tun wollen? Wenn ich noch ein Jahr Zeit hätte, in diesem Körper zu leben, wie würde ich dieses Jahr sinnvoll verbringen wollen?

Wenn ich noch einen Monat Zeit hätte, bevor ich mich aus diesem Erdenleben verabschiede, wie würde ich diese Zeit am besten nutzen wollen? Was wäre mir für diese vier Wochen wirklich wichtig?

Wenn ich noch eine Woche Zeit hätte, in und mit diesem Körper auf dieser Erde, was hätte dann Vorrang?

Wenn ich noch einen Tag zu leben hätte, was würde ich mit diesen letzten vierundzwanzig Stunden am besten oder am liebsten anfangen? Wie würde ich diese letzte Zeit auf Erden in diesem Körper nutzen wollen?

Wenn ich noch eine Stunde Zeit hätte, was wäre mir dann wichtig? Was würde ich mit diesen letzten sechzig Minuten bis zum Abschied von diesem Leben machen wollen?

Wenn ich noch eine einzige Minute Zeit hätte, bevor dieses Erdenleben endet, wie würde ich diese kurze Zeitspanne nutzen wollen?

Du hast jetzt wirklich eine ganze Minute Zeit.

Spüre tief in dich hinein und hoch über dich hinaus, welche Einsichten und Erfahrungen sich entfalten möchten. Versuche, in dieser Minute ganz gesammelt in dir selbst zu bleiben, ganz in deiner Seele, ganz in der Schöpferkraft, in dir!

Wenn du nun deinen Körper verlässt und gehst, wohin gehst du?
Was passiert?
Was empfängt dich auf der anderen Seite?
Was siehst oder spürst du?
Was wünschst du dir jetzt?
Was ist gestorben?
Was lebt weiter?

LASSE DICH BITTE AUF ALLE GEFÜHLE UND BILDER EIN, DIE NUN AUFTAUCHEN. LASSE DEINER FANTASIE FREIEN LAUF!

Stelle dir als Nächstes vor, dass eine Stunde seit deinem Tod vergangen ist. Was passiert jetzt, eine Stunde nach dem Tod? Wo bist du? Was siehst oder spürst du, was machst du jetzt? Wer ist bei dir?

Gehe nun in deiner Vorstellung noch weiter in die Zukunft. Seit deinem Tod ist nun eine Woche vergangen: Was ist jetzt? Wo bist du?

Was siehst oder spürst du?
Was machst du jetzt? Ist jemand bei dir?

Mittlerweile ist ein ganzes Jahr vergangen seit deinem Abschied aus deinem letzten Körperleben: Was ist jetzt mit dir? Was siehst oder spürst du? Was ist jetzt wichtig?

Nun sind schon zehn Jahre vorbei seit deinem irdischen Tod: Wo bist du jetzt? Wer oder was bist du? Was erlebst oder spürst du? Was spielt aus der jetzigen Sicht wirklich eine Rolle im Leben?

Stelle dir vor, dass nun noch mehr Zeit vergangen ist, hundert Jahre liegt dein körperlicher Tod zurück: Was machst oder fühlst du? Wo befindest du dich jetzt? Ist jemand bei dir?

Wir gehen noch weiter in die Zukunft. Nun sind 1000 Jahre vergangen seit dem Abschied aus deinem körperlichen Leben: Wo bist du jetzt? Was siehst oder spürst du? Was ist aus dieser aktuellen Sicht wichtig für das Leben?

Als wen oder was erlebst du dich?

Zum Schluss erlaube dir, Hunderttausende von Jahren über deinen körperlichen Tod in die Ewigkeit hineinzuspüren: Wer bist du jetzt? Was siehst oder spürst du? Was ist für das Leben hier und dort, früher und später, auf Erden und im Jenseits wirklich wichtig und wesentlich?

Was wird in der Zukunft wichtig sein für dein weiteres Leben?

Nun bitte ich dich, mit mir wieder zurückzukommen.

Du befindest dich hunderttausend Jahre nach deinem Körpertod – tausend Jahre – hundert Jahre – zehn Jahre – ein Jahr – eine Woche – eine Stunde – eine Minute – am Zeitpunkt deines Todes – eine Stunde vorher – einen Tag – eine Woche – ein Monat – ein Jahr – zehn Jahre, und du gehst immer weiter bis zum heutigen Tag.

Wenn du das Gefühl hast, wieder ganz hier, auf deinem Platz zu sein, dann atme noch einmal tief ein und aus, strecke dich ein wenig, und öffne erst dann die Augen.

RELIGION UND DIE GEISTIGE WELT

In meinem Buch »Geistheilung und Energiearbeit« schreibe ich:

> WIR SIND GEISTWESEN, DIE ÜBER VIELE INKARNATIONEN HINWEG IMMER WIEDER MENSCHLICHE ERFAHRUNGEN MACHEN UND NICHT MENSCHEN, DIE GEISTIGE ERFAHRUNGEN MACHEN.

Wenn wir diese Erkenntnis verinnerlicht haben, wird vieles einfacher. Es erleichtert uns, zu unserem jetzigen Leben Abstand zu gewinnen und so die vielen Herausforderungen, mit denen wir immer wieder konfrontiert werden, besser zu meistern. Du siehst, um geistig weiterzukommen und heil zu werden, ist es wichtig, dass du lernst, über die Grenzen deiner bisherigen, festgefahrenen Ideen und Meinungen hinaus zu denken und diese auch infrage zu stellen. Eine irrige Vorstellung ist z. B.: Der Mensch ist das Zentrum des Universums. Auch ist es vermessen zu behaupten, eine Religion sei besser als die anderen.

Die Religionen der Welt stehen in vielen wichtigen Fragen im Widerspruch zueinander. Wer hat nun recht? Natürlich nimmt jede für sich in Anspruch, die

Wahrheit und Wahrhaftigkeit gefunden zu haben, und wir sind abhängig von der Gunst des »Zufalls«, durch die wir bei unserer Geburt in die eine oder andere Wahrhaftigkeit »hineingeworfen« werden. Damit lässt sich wohl kaum begründen, warum wir die Religion, die unsere Eltern für uns bestimmt haben, als für unser Leben bestimmend ansehen sollten.

Die Religionen können allerdings unterstützend wirken und uns Impulse für unser Leben geben. Die einzige Möglichkeit jedoch, sich wirklich und gesund in die Transzendenz zu entwickeln, besteht im eigenen Erleben. Wenn deine Religion dir diese individuelle Freiheit des Gott-Erlebens lässt, dann bist du an der richtigen Stelle.

Es ist ganz gleich, welchem Glauben wir angehören, niemand kann die größten Rätsel der Menschheit für uns lösen. Das können wir nur individuell für uns selbst. Jeder für sich, in seinem Tempo und auf eine ihm gemäße Art.

Dies ist natürlich auch ohne Religion möglich. Auch du hast sicherlich in deinem Leben schon Situationen erlebt, die irgendwie »komisch« waren, von denen du wusstest oder zumindest geahnt hast, dass sie nicht auf natürliche Art zu erklären sind.

Und unsere Gesellschaft ermutigt uns nicht gerade, solche Dinge auch in der Öffentlichkeit zu benennen. Im Gegenteil müssen wir sogar damit rechnen, ausgelacht oder für verrückt erklärt zu werden. Auf jeden Fall können wir uns darauf einstellen, nicht ernst genommen zu werden. Die Menschheit hat immer gelacht oder gespottet über das, was der sichtbaren Realität widersprach. Und die Zeiten waren schon immer hart für diejenigen, die nicht mit dem großen Strom schwammen. Wenn wir aber an die Lemminge denken, die sich, dem großem Strom folgend, von den Klippen in den Tod stürzen, nur weil alle es so machen, dann hoffe ich sehr, dass wir uns diese Verhaltensweisen nicht auf ewig zum Vorbild machen!

Es wird auch berichtet, dass die Vorstellung des ersten Telefons an der Akademie der Wissenschaften in Paris von Professoren als Taschenspielertrick bezeichnet wurde.

Es werden immer wieder Versuche unternommen, das Gefühl für die nicht sichtbare Realität als »Wahnsinn« abzutun.

Geistheiler und Energiearbeiter wie ich – und ich spreche natürlich aus eigener schmerzhafter Erfahrung – werden gern von den Wissenschaftsgläubigen als »Scharlatane« beschimpft, obwohl die moderne Physik dem Geheimnis der Transzendenz immer näherkommt und viele Phänomene in der Physik beweisbar werden, die zuvor als Hirngespinste Irrer bezeichnet wurden. Ich erinnere z. B. an die Biophotonenforschung von Prof. Fritz Albert Popp, den seine Kollegen vor fünfundzwanzig Jahren für etwas ausgelacht haben, was heute weltweit zum wissenschaftlichen Standardwissen gehört. Genauso war es mit der Akupunktur oder der Homöopathie.

Etwas, was mich immer wieder ganz besonders wundert, ist, dass gerade die Kirchen oft ein großes Problem mit Menschen haben, die über eigene Erfahrungen mit Geistern oder dergleichen verfügen. Gründet sich doch das Wissen der Kirchen, wie sie selbst behaupten, auf den Verkehr mit der Geistwelt, oder, anders gesagt. auf die Botschaften, die aus dem Jenseits bzw. einer anderen Sphäre übermittelt wurden.

Wenn wir hingegen als Privat- und Einzelperson es wagen, in der Öffentlichkeit zu sagen, dass wir eine Botschaft aus der geistigen Welt erhalten haben, müssen wir uns allerhand Hohn und Spott gefallen lassen oder gar damit rechnen, in eine geschlossene Anstalt gebracht zu werden. Dabei ist doch die Aufforderung, Gott zu suchen und ihn zu befragen, immer wieder in allen heiligen Büchern zu finden. Ein Beispiel:

»Mose aber nahm das Zelt und schlug es draußen auf, fern von dem Lager, und nannte es Stiftshütte. Und wer Gott befragen wollte, musste herausgehen zur Stiftshütte vor das Lager.

Und wenn Mose hinausging zur Stiftshütte, so stand alles Volk auf, und jeder trat in seines Zeltes Tür und sah ihm nach, bis er zur Stiftshütte kam.

Und wenn Mose zur Stiftshütte kam, so kam die Wolkensäule hernieder und stand in der Tür der Stiftshütte, und Gott redete mit Mose.

Und alles Volk sah die Wolkensäule in der Tür der Stiftshütte stehen, und sie standen auf und neigten sich, ein jeder in seines Zeltes Tür.

Gott aber redete mit Mose von Angesicht zu Angesicht, wie ein Mann mit seinem Freunde redet. Dann kehrte er zum Lager zurück; aber sein Diener und Jünger Josua, der Sohn Nuns, wich nicht aus der Stiftshütte.«

2. Mose 33, 7–11

Stellen wir uns einmal vor, wie diese Geschichte in der heutigen Zeit bewertet werden würde, wenn jemand behaupten würde, genau das erlebt zu haben?

Wenn wir also den Weg in die Transzendenz gehen, den Weg in die feinstofflichen Bereiche unseres Seins, den Weg in Kontakt mit unseren Schutzengeln und Geisthelfern, den Weg zu Gott, dann ist das nichts Unrechtes, denn wir erfüllen den Willen der Schöpfung.

DER WILLE DER SCHÖPFUNG IST ES, DASS ALLES, WAS LEBT, WIEDER AUS DER POLARITÄT HERAUSTRITT UND IN DIE EINHEIT ALLEN SEINS ZURÜCKFINDET.

Noch sind wir auf einer Bewusstseinsstufe, die Polarität erfordert.

> AUS POLARITÄTEN BESTEHT DIE WEGSTRECKE, AUF DER WIR UNSERE ERFAHRUNGEN MACHEN.

Wenn wir es eines Tages, nach vielen Erdenleben, schaffen, alles zu erlösen, alles zu harmonisieren, und die Polarität keine Berechtigung mehr hat, weil alle erlöst sind, dann ist der Tag gekommen, an dem alles wieder EINS ist. Der erste Schritt hierzu ist, sich selbst zu harmonisieren. Der zweite Schritt, die anderen bei ihrer Harmonisierung zu unterstützen, denn solange nicht alle erlöst sind, ist keiner erlöst. Die Erlösung wiederum erfolgt durch bedingungslose Liebe, die innerlich empfunden wird als eine wärmende Erleuchtung.

> »WENN DU LIEBST, DRINGST DU ANS LICHT WIE DER SAMEN, DER IN DER ERDE VERBORGEN WAR.«

Das schreibt Bettina von Arnim an Goethe. Weiter könnte es heißen:

> WEN DU LIEBST, DEN BRINGST DU INS LICHT!
> *UND*
> SUCHE NICHT NACH DEM LICHT,
> SEI SELBST EIN LICHT!

Von Rudolf Steiner stammen die Sätze:

> »DES LICHTES WEBEND WESEN, ES ERSTRAHLET VON MENSCH ZU MENSCH, ZU FÜLLEN ALLE WELT MIT WAHRHEIT.
>
> DER LIEBE SEGEN, ER ERWÄRMET DIE SEELE AN DER SEELE, ZU WIRKEN ALLER WELTEN SELIGKEIT.
>
> UND GEISTBOTEN, SIE VERMÄHLEN DER MENSCHEN SEGENSWERKE MIT WELTENZIELEN; UND WENN VERMÄHLEN KANN DIE BEIDEN, DER MENSCH, DER SICH IM MENSCHEN FINDET, ERSTRAHLET GEISTESLICHT DURCH SEELENWÄRME.«

Ich möchte dich ermutigen, diese Zeilen auswendig zu lernen und sie einmal am Tag langsam und innig zu sprechen. Sie haben eine unglaublich positive Wirkung auf dein gesamtes Energiesystem.

Alles, was uns durch heilige Bücher oder symbolische Schriften gelehrt wird, hat seine Entsprechung in unserem Inneren. Dort finden wir den göttlichen Funken, der uns befähigt, Gottes Stimme in uns zu hören, und uns die Kraft gibt, ihr zu folgen. Alles, was wir mit Wahrhaftigkeit und Selbstvertrauen in Liebe tun, wird sich zum Positiven für uns manifestieren.

NUR MUT, ICH WEISS, DASS DU EIN LICHTSUCHENDER BIST!

Gott in uns zu finden heißt nicht, dass wir uns von den Religionen verabschieden müssen. Sie sind in ihrem Ursprung und in der reinen Lehre allesamt wichtig und legitim. Es darf aber nicht so sein, dass im Namen Gottes das Blut von Millionen Menschen vergossen wird. Jede Religion hat nur dann ihre Berechtigung, wenn sie die anderen Religionen respektiert.

WIR SIND ALLE TÖCHTER UND SÖHNE DES EINEN GOTTES!

Wir finden diesen Toleranzgedanken auch in den meisten Religionen: im Christentum, im Islam, im Judentum, im Buddhismus, im Hinduismus und in den Naturreligionen. Vom Propheten Mohammed stammen beispielsweise die Aussprüche:

»DIE WEGE ZU GOTT SIND SO ZAHLREICH
WIE DIE ATEMZÜGE DES MENSCHEN.«
UND
»DENKT ÜBER DIE SCHÖPFUNG NACH, ABER
DENKT NICHT ÜBER DEN SCHÖPFER NACH!«

Paulus hat die ersten Christen aufgefordert, Gott zu fragen, wenn sie seine Lehre als fehlerhaft empfanden:

»WIE VIELE VON UNS VOLLKOMMEN SIND,
DIE LASST UNS SO GESINNT SEIN. UND SOLLTET
IHR IN EINEM STÜCK ANDERS DENKEN, SO WIRD
EUCH GOTT AUCH DAS OFFENBAREN.«
PHILIPPER 3,15

Wahrhaftigkeit

WAHRHAFTIGKEIT ZU MIR SELBST

Nur durch Wahrhaftigkeit können wir frei sein und unserem Ziel, der unbedingten Liebe in uns, die identisch ist mit der Liebe Gottes, näherkommen. Was uns daran hindert, ist, wie wir gesehen haben, hauptsächlich die Angst. Die Angst auch vor uns selbst, die Angst, uns zu sehen, wie wir sind. Denn Selbsterkenntnis ist manchmal so schmerzhaft, dass sie in unserer Seele erlebt wird wie ein Tod. Zum einen, weil ihr Ergebnis im Widerspruch steht zu unserem häufig doch geschönten und eindimensionalen Selbstbild. – Wir machen uns gerne vor, dass wir »so oder so« seien, und erschrecken, wenn wir herausfinden, dass wir vielleicht ganz anders sind, oder sind von uns enttäuscht und halten uns für Versager. – Zum anderen, weil wir dadurch erkennen, dass unsere eigene Wahrheit im Widerspruch zur äußeren Realität steht, was womöglich Konsequenzen für uns nach sich zieht.

WAHRHAFTIGKEIT MIR SELBST GEGENÜBER
VERANTWORTUNG FÜR MICH SELBST
ÜBERNEHMENBEREIT SEIN, DEN PREIS ZU
BEZAHLEN

Diese drei Aussprüche waren und sind sehr wichtig im Bezug auf meine eigene Selbstfindung und innere Befreiung. Wenn du alles im Leben auf diese drei Sätze hin prüfst, wirst du frei und heil!

Doch dieser Weg der Wahrhaftigkeit, den jeder auf seine individuelle Weise zu gehen hat, wenn er in seine eigene Wahrheit, in sein eigenes Heilwerden kommen möchte, ist kein Weg des äußeren Ruhmes, sondern bedeutet viel Arbeit an sich selbst. Auch wird es Perioden geben, in denen du große Einsamkeit spürst. Dieses Gefühl der Einsamkeit ist kein äußeres Gefühl und unabhängig von äußeren Aktivitäten.

Auf dem Weg zu dir selbst gelangst du zudem irgendwann an den Punkt, an dem dein gewohntes Umfeld und deine inneren Erkenntnisse in Konflikt geraten. Denn wenn ich wahrhaft aufrichtig mit mir selbst bin und alle meine Lebensbereiche daraufhin überprüfe, dann führt mich das unweigerlich auch dazu, anderen gegenüber ehrlich zu sein. Diese Konflikte sind normal, und es wird auch wieder andere, harmonische Phasen geben.

Die Menschen, mit denen wir in Kontakt sind, haben oft Schwierigkeiten, mit Wahrhaftigkeit umzugehen. Wenn du dich nicht mehr verstellst, wahrhaftig und authentisch bist, dann stößt das die eine oder andere Person vor den Kopf. Für sie darfst du Mitgefühl üben, denn du selbst warst ja genauso, oder?

Besonders, wenn du zum Wohle der anderen oftmals deine eigenen Wünsche und Bedürfnisse zurückgestellt hast, wirst du nun Gegenwind erhalten, denn du stehst vermutlich nicht mehr zu jeder Zeit und bedingungslos zur Verfügung. Stets zu schauen, dass es den anderen gut geht, ist sicher eine noble und ehrenwerte Grundhaltung, aber wenn du dir dabei nie eine Auszeit nimmst, in der du etwas Gutes für dich selbst tust, dann wird es pathologisch, das heißt, es wirkt sich krankmachend auf dich aus. Es kommt auch das Gegenteil vor: Deine Erziehung war vielleicht so ausgerichtet, dass du dich immer wichtiger genommen hast als die anderen. Dies führte möglicherweise dazu, dass du deine Leiden mit übertriebener Aufmerksamkeit gepflegt hast.

Diese Art der Erziehung lehrt meist, dass die eigene Person, das eigene Land, die eigene Religion und die eigene Kulturgemeinschaft wichtiger und höher anzusetzen sind als die der anderen. Das fördert das Verschließen gegen alles Fremde und die Gleichgültigkeit gegenüber anderen Menschen. Oft wurde durch unsere Erziehung ein falsches Verständnis vom »Ego« geschaffen. Es gibt dumme Egoisten, und es gibt weise Egoisten. Erstere häufen so viel wie möglich an, gehen über Leichen und sind sich selbst – und nur sich selbst – die Nächsten. Dies wirkt sich, dem karmischen Gesetz von Ursache und Wirkung folgend, negativ auf die Person aus. Der weise Egoist wirkt im Interesse des großen Ganzen und gibt dem anderen von dem, was sein kluger Geist erschaffen hat, etwas ab. Er hat eine gesunde Selbstaufmerksamkeit, Selbstachtung, Selbstliebe und

Selbstsicht. Darum erkennt und respektiert er auch die Grenzen und die Individualität der anderen.

In jedem Fall ändert sich durch die Erkenntnis, also die Bewusstwerdung deiner eigenen inneren Wahrheit, dein Verhältnis zur Außenwelt, was Veränderungen mit sich bringt, auf die du dich erst einmal wirst einstellen müssen.

Natürlich stellt sich sofort die Frage: Was ist denn eigentlich Wahrheit? Darüber diskutieren Philosophen schon seit Jahrtausenden, darüber streiten heute die Wissenschaftler, darüber führen und führten Religionsvertreter aller Richtungen Kriege – und werden doch nie zu einem Ergebnis kommen, denn die einfache Antwort ist: Niemand wird es je wissen können!

Wahrheit ist immer individuell, und du findest deine eigene Wahrheit nur in dir selbst. Jeder Mensch bildet sich im Laufe des Lebens eine ganz individuelle Meinung vom Leben und wird diese als die Wahrheit bezeichnen.

Nun bemerken wir aber sehr oft, dass die Weltanschauung des anderen unserer eigenen diametral gegenübersteht. Wer von uns beiden hat nun die Wahrheit? Keiner! Jeder hat seine eigene Wahrheit, und wir tun gut daran, zu akzeptieren, dass der andere auch seine Wahrheit hat.

Wenn jeder die Wahrheit des anderen nicht bekämpft, sondern respektiert, treten wir nicht mehr in Konkurrenz und lernen, die individuellen Existenzen als Gewinn in unser Leben zu integrieren. Es ist wichtig, dass du dir klarmachst, dass die Basis der Wahrheit nicht im Verstand liegt. Die tiefe Wahrheit liegt immer im Erleben. Das gefühlsmäßige Erleben von Wahrheit und Wahrhaftigkeit ist mit nichts zu vergleichen, was unser Verstand zu produzieren in der Lage wäre. Unsere Gefühle sind der Wahrheit näher als unsere Gedanken.

In die eigene Wahrheit kommen

Stelle dich so hin, dass deine Füße hüftbreit auseinanderstehen, und stelle dir vor, an deinen Füßen wachsen Wurzeln. Lasse diese Wurzeln ganz tief in die Erde hineinwachsen.

Wie fühlt sich das an? Wie tief gehen deine Wurzeln in die Erde? Welche Farbe haben sie? Spüre in dich hinein, wie es sich für dich anfühlt. Dann verbinde dich mit dem Universum. Stelle dir einen Lichtstrahl vor, der dich mit dem Universum verbindet. Was nimmst du wahr? Sind da Farben, Gerüche, Klänge, oder spürst du vielleicht ein Kribbeln oder Fließen in dir? Vielleicht kannst du auch wahrnehmen, wie sich die Energie von Mutter Erde, die über deine Wurzeln in dir aufsteigt, mit der Energie des Universums verbindet. Wie ist das für dich? Genieße das, was da ist, denn so ist es genau richtig für dich. Das, was du jetzt wahrnimmst, ist deine Wahrheit, und es ist gut so, wie es ist. In diesem Zustand kannst du eine Situation, ein Problem, das du geklärt haben möchtest, beleuchten und deine eigene Wahrheit dazu spüren, sehen oder hören.

Wenn in diesem Moment sehr viel negative Emotion hochkommt, kannst du das Emotionale Schreiben aus Kapitel 1 (siehe S. 45) anwenden. Übe zunächst mit »kleineren« Problemen. Manchmal ist es so, dass wir unsere eigene Wahrheit gar nicht wahrhaben wollen bzw. die dahinterstehende Intensität (positive wie negative) nicht aushalten können. Dann beginnen wir, zu verdrängen und aus Angst oder Bequemlichkeit wieder den Zustand zu bevorzugen, in dem wir unsere Probleme und ihre Ursachen noch nicht so klar gesehen haben. Traue dich, deine Wahrheit zu erspüren und zu erleben!

»ERKENNE DICH SELBST,
SO ERKENNST DU GOTT IN DIR!«

Dieser Satz, der als Inschrift über dem Tempel von Delphi zu lesen war, soll dich ermuntern, deine eigenen Fähigkeiten, deine eigene Kraft und deine eigene Göttlichkeit zu erkennen.

Wenn du dir deines eigenen Wertes als Teil des göttlichen Ursprungs bewusst wirst, dann hast du Zugang zu deinem grenzenlosen Potenzial an Lebensenergie, zu deinem grenzenlosen Potenzial an Selbstheilungskräften und zu deinem grenzenlosen Potenzial an Selbsterkenntnis und Liebe.

In der Wahrhaftigkeit gegenüber dir selbst findest du das gesamte Wissen und die Weisheit des Universums. Dadurch erhältst du die Sicherheit, dass du getragen bist und dich der universellen, göttlichen Führung anvertrauen kannst. Du spürst, wie du dadurch immer besser in der Lage bist, deinen Körper, deinen Geist und deine Seele als Quelle der physischen und seelischen Heilung zu nutzen. Die unbedingte Liebe als Quelle allen Seins ist die Kraft, die alle Energien unseres Lebens und unser Schicksal lenkt sowie unseren inneren und äußeren Reichtum beeinflusst.

Wochentagsübungen (überarbeitet aus »Geistheilung und Energiearbeit«)

Diese Übung ist sehr effektiv. Sie hilft erheblich, deine wahrhaftige Persönlichkeit an die Oberfläche zu bringen und in dein Leben zu integrieren. Du handelst an jedem Tag der

Woche nach einem bestimmten Motto, das du auf ein Blatt Papier oder eine Karte notierst und an dem entsprechenden Tag morgens als Erstes liest. Du findest Ähnliches auch beim Edlen Achtfachen Pfad des Buddhismus.

Für Montag gilt:
Das richtige Wort, das richtige Reden

Achte an diesem Tag auf die richtige Wahl deiner Worte. Sprich nur über etwas, was Sinn und Bedeutung hat. Reden, nur um zu reden, solltest du unterlassen. Beteilige dich nicht an Unterhaltungen, in denen jeder durcheinanderspricht. Auch solltest du oberflächliche Gespräche an diesem Tag meiden. Schotte dich aber auch nicht von deinen Mitmenschen ab.

Stehe jedem Rede und Antwort, jedoch bedachtsam und überlegt. Versuche, nicht zu viele, aber auch nicht zu wenige Worte zu sprechen. Höre zu, verarbeite, und antworte erst dann. Lügen, üble Nachrede, rohe Worte und seichtes Gerede solltest du meiden.

In der Bibel sagt Paulus zu den Korinthern:
»Strebt nach der Liebe! Bemüht euch um die Gaben des Geistes, am meisten aber um die Gabe der prophetischen Rede! Denn wer in

Zungen redet, der redet nicht für Menschen, sondern für Gott; denn niemand versteht ihn, vielmehr redet er im Geist von Geheimnissen.«

Die »Zungenrede« wurde in den ersten christlichen Gemeinden und wird auch heute noch bei den Pfingstlern als eine »Gabe des Geistes« gesehen. Darunter versteht man ein Beten oder Reden in einer Art meditativem Zustand, in Lauten, die ohne die Interpretation eines Dritten nicht verstanden werden können.

Weiter heißt es bei Paulus:
»Wer aber prophetisch redet, der redet zu den Menschen zur Erbauung und zur Ermahnung und zur Tröstung. Wer in Zungen redet, der erbaut sich selbst; wer prophetisch redet, der erbaut die Gemeinde.

Ich wollte, dass ihr alle in Zungen reden könntet; aber noch viel mehr, dass ihr prophetisch reden könntet. Denn wer prophetisch redet, ist größer als der, der in Zungen redet; es sei denn, er legt es euch auch aus, damit die Gemeinde dadurch erbaut werde.

Nun aber, liebe Brüder, wenn ich zu euch käme und redete in Zungen, was würde ich euch nützen, wenn ich nicht mit euch redete in Worten der Offenbarung oder der Erkenntnis oder der Prophetie oder der Lehre?

Verhält sich's doch auch so mit leblosen Dingen, die Töne hervorbringen, es sei eine Flöte oder eine Harfe: Wenn sie nicht unterschiedliche Töne von sich geben, wie kann man erkennen, was auf der Flöte oder der Harfe gespielt wird? … So auch ihr: Wenn ihr in Zungen redet und nicht mit deutlichen Worten, wie kann man wissen, was gemeint ist? … Wer also in Zungen redet, der bete, dass er's auch auslegen könne … Wenn nun die ganze Gemeinde an einem Ort zusammen käme und alle redeten in Zungen, es kämen aber Unkundige oder Ungläubige hinein, würden sie nicht sagen, ihr seid von Sinnen? … Darum liebe Brüder, bemüht euch um die prophetische Rede und wehrt euch nicht der Zungenrede. Lasst aber alles ehrbar und ordentlich zugehen.«
1. Korinther, 14, 1–40

Für Dienstag gilt:
Die richtige Tat, das richtige Tun

Dienst-Tag, der Tag des Dienens. Versuche heute, deinen Mitmenschen, der Natur, der Schöpfung zu dienen. Taten, die du mit deinem Herzen verrichtest, erzeugen Schönheit. Heute ist der Tag der inneren Einsicht und Sachlichkeit. Das meint nicht die rationale Sachlichkeit, sondern die Sachlichkeit aus der Intuition heraus. Versuche also, deiner Intuition zu lauschen, und handle nur, wenn deine Intuition es wirklich von dir fordert und wenn du spürst, dass deine Handlungen wohltuend auf das große Ganze ausgerichtet sind.

Dieser Tag lehrt dich Klarheit ohne Gedanken. Richte deine Handlungen an diesem Tag so aus, dass sie für deine Mitmenschen nicht störend, sondern bereichernd sind.

»Wir sollen handeln, nicht um dem Schicksal zu widerstreben, das können wir nicht, aber um ihm entgegenzukommen.«
Friedrich Hebbel

Wenn du einen Impuls zum Handeln verspürst, dann erwäge sorgfältig, wie du für das Wohl des Ganzen, das dauernde Glück der Mitmenschen und das Ewige am besten tätig werden kannst. Dein Handeln erfordert Treue zur eigenen Empfindung. Sieh die Dinge, wie sie sind. Weder töten noch töten lassen; Gewalttätigkeit gegenüber allen Wesen, Menschen, Tieren, Pflanzen, unterlasse. Nimm nichts, was dir nicht freiwillig gegeben wird.

Für Mittwoch gilt:
Der richtige Standpunkt, die richtige Anschauung
Die Voraussetzung dafür, dein Leben so führen zu können, wie du es dir vorstellst, ist zu-

nächst, den richtigen Standpunkt zu finden, von dem aus du sicher und getragen deinen Weg gehen kannst.

Zunächst solltest du dir in deinem Leben Klarheit verschaffen, woran dein Herz oder, besser gesagt, deine Herzenswünsche hängen. Zu welchen Dingen fühlst du dich mit ganzer Kraft hingezogen?

Wenn du weißt, wohin dich deine Herzliebeskräfte ziehen, dann solltest du alles unternehmen, um ihnen zu folgen. Nur wenn du das, was du tust, auch liebst, hast du unweigerlich Erfolg damit.

Erkenne die Gesetze von Ursprung, Ursache und Wirkung als Gesetze des Pfades der geistigen Entwicklung. Wenn du dir nicht darüber im Klaren bist, was du eigentlich willst, dann solltest du mit einer Affirmation arbeiten, die etwa wie folgt lauten könnte:

»Ich bitte die Macht meines Unterbewusstseins, mir meinen wahren Platz im Leben und meine wahre Berufung zu offenbaren.«

Sage diese Affirmation mehrmals täglich in Ruhe und Zuversicht. Nach einiger Zeit wirst du ein deutliches Hingezogensein in die eine oder andere Richtung feststellen.

Folge dann diesem Bauchgefühl, und deine Intuition wird dir den Weg zu vollkommener Erfüllung deiner Berufung, deiner Lebensaufgabe zeigen. Die ureigenste wahrhaftige Berufung eines Menschen ist immer auf das Wohl der ganzen Schöpfung gerichtet.

Heute ist der Tag der Orientierung. Erlebe heute ganz bewusst die Natur und die Schöpfung. Vermeide alles, was Hast und Unruhe in dein Leben bringt. Übereile nichts, sei aber auch nicht träge.

Bringe die Dinge des Tages vor dein inneres Auge, und betrachte sie aus deiner inneren Ruhe heraus. So wird dein höheres Ich zum Lenker und Leiter deines Lebens.

Für Donnerstag gilt:

Die richtige Harmonie durch inneres Erkennen

Die Unendlichkeit des Universums spiegelt sich in deinem Inneren wider. Dein Inneres ist ebenso wie der Kosmos unendlich, und es gelingt dir immer nur, einen Teil davon auch zu erkunden. Es ist nicht lebenswichtig zu wissen, was Milliarden von Lichtjahren entfernt im All geschieht. Wichtig ist nur, dass du dir bewusst bist, dass dort etwas existiert. Genauso wie in deinem Inneren.

Es ist nicht lebenswichtig, dass du genau weißt, was alles in dir steckt oder was genau in deinem Lebensplan angelegt ist. Wichtig ist nur zu wissen, dass es viel mehr Möglichkeiten gibt als die, die du schon entdeckt hast. Dein Inneres spiegelt die Weiten des Kosmos wider.

Disharmonie im Inneren entsteht immer aus einer bestimmten Sicht heraus. Du glaubst, dass du noch nicht perfekt genug oder in diesen oder jenen Dingen noch nicht da bist, wo du hinwillst.

Wenn du dir nun vor Augen führst, dass dein Inneres so unendlich groß ist, dass es niemals gelingen kann, alle Möglichkeiten auszuschöpfen, dann würde dies bedeuten, dass du ewig in der Unzufriedenheit lebst.

Richte also dein Augenmerk auf das, was du jetzt bereits geschafft hast. Genieße die Erkenntnisse und Errungenschaften bis zu diesem Zeitpunkt. Wisse, wenn du aus deinen Lebenserfahrungen gelernt hast und in der Lage bist, dich über deine bis heute gemachten Erfahrungen zu freuen, hast du bereits die größtmögliche Weisheit erlangt, die du bis zu diesem Zeitpunkt erlangen konntest. Spürst du die Erfüllung in deinem Inneren? Falls ja, begrüße ich dich als ein weises Wesen! Alles, was weiterhin in deinem Leben passiert, wird deine

Weisheit erhöhen, und morgen bist du, wenn du den Tag bewusst gelebt hast, ein noch weiseres Wesen. Doch auch als Weise sind wir unser ganzes Leben lang Lehrlinge.

Darum achte auf das Wesentliche im Leben, gib ihm Kraft und Schönheit. Denn es ist im Plan der Schöpfung offen, wie weise du in diesem Leben noch werden wirst.

Du hast es in der Hand. Bedenke immer, dass Kopflastigkeit nicht gleichzusetzen ist mit Weisheit. Es ist gut, einen klugen Kopf zu haben, aber weise wirst du nur durch die Kraft des inneren Empfindens. Wenn du dein Kopfwissen im Bauch spürst, dann ist das die Nahrung für deine Weisheit.

Heute ist der Tag der Harmonie und der Erkenntnis des Wesentlichen. Vermeide heute Dinge, die außerhalb deiner Kraft liegen. Unterlasse aber auch nichts, was sich innerhalb derselben befindet.

Blicke uber das Alltägliche, Augenblickliche hinaus, und setze dir Ziele oder Ideale. Heute ist dein Tag.

Fühle, was dir heute guttun wird, und mache es dir selbst zum Geschenk. Das Bedürfnis wächst, alles zu verzeihen und alles zu harmonisieren.

Vermeide eine Lebensführung, die dir nicht entspricht, vermeide besonders Unaufrichtigkeit, Verrat, Verdächtigungen, Gier – und berauschende Mittel.

Für Freitag gilt:

Das richtige Gedächtnis, das richtige Gedenken

Das Gedächtnis ist der Ort, an dem sich die Vergangenheit sammelt.

Kirchenvater Augustinus sagte einmal:
»Groß ist die Macht des Gedächtnisses, gewaltig groß, mein Gott, ein Tempel, weit und unermesslich. Wer kann es ergründen? Eine Kraft meines Geistes ist es, zu meiner eigenen Natur gehörig, aber ich vermag nicht ganz zu erfassen, was ich bin. Ist denn der Geist zu eng, sich selbst zu fassen? Wo ist denn das, was er von sich selbst nicht fassen kann? Ist's etwa außer ihm und nicht in ihm? O nein, und doch kann er's nicht fassen! Da steigt ein großes Verwundern in mir auf, Staunen ergreift mich.

Und die Menschen gehen hin und bewundern die Bergesgipfel, die gewaltigen Meeresfluten, die breit brausenden Ströme, des Ozeans Umlauf und das Kreisen der Gestirne und vergessen darüber sich selbst.

Sie wundern sich nicht darüber, dass ich all dies, als ich's nannte, nicht vor Augen sah und es doch nicht hätte nennen können, wenn ich nicht Berge, Fluten, Flüsse und Sterne, die ich einst sah, und den Ozean, von dem ich sagen hörte, drinnen in meinem Gedächtnis sähe, so ungeheuer groß, wie ich sie draußen je erblickt.«

Dein Gedächtnis ist dein persönlicher, sehr feiner und unzerstörbarer Schatz. Dein Gedächtnis ist in deinem inneren Tempel ein Raum, der im Laufe des Lebens durch die gemachten Erfahrungen immer reicher, schöner und wahrhaftiger wird.

Dieser innere Schatz führt zu mehr Selbstsicherheit, Selbstvertrauen, Ur- und Geistvertrauen sowie zur deiner eigenen Weisheit. In diesem Tempelraum deines Inneren werden alle deine Erlebnisse aufgefangen, gesammelt, geordnet und bewahrt.

Heute ist der Tag des Lernens. Lerne heute möglichst viel vom Leben selbst. Alles, was an dir vorüberzieht, gibt Anlass, Erfahrungen zu sammeln, die nützlich sind für dein ganzes Leben.
Hast du einen Fehler gemacht, so sei dankbar, dass du ihn erkennen durftest und Ähnliches zukünftig richtig und vollkommen machst.

Siehst du andere handeln, so beobachte sie zu diesem Ziel, jedoch nicht mit lieblosen Blicken, urteilend oder wertend. Erinnere dich am Abend an das, was du gelernt hast, und integriere es in dein Leben.

Für Samstag gilt:
Die richtige Meinung

Heute geht es um das reine Denken.
Denke mit klarem Bewusstsein und unter Überwindung weltlichen Begehrens, weltlicher Sorgen und des daraus erwachsenden Leidens über die reine Lehre nach, die das Leben in Liebe dich lehrt.

Lerne nach und nach, in deinen Gedanken das Wesentliche vom Unwesentlichen, das Ewige vom Vergänglichen und die Wahrheit von der bloßen Meinung zu unterscheiden. Die Wahrheit ist nicht außerhalb von dir. Sie ist in dir – du solltest sie dort suchen, und du wirst sie dort auch finden.

So schreibt Dostojewski in der Puschkin-Rede:[3]
»Die Wahrheit ist nicht außerhalb deiner, sondern in dir selbst, finde sie in dir, füge dich dir selbst, bemächtige dich deiner selbst, und du wirst die Wahrheit sehen. Nicht in den

3 Fedor M. Dostoevskij: Tagebuch eines Schriftstellers. Hrsg. und übertragen von Alexander Eliasberg. Band 4. Musarionverlag 1923.

Dingen ist diese Wahrheit, nicht außerhalb deiner, nicht irgendwo jenseits des Meeres, sondern vor allem in deiner eigenen Mühe an dir selbst.

Wenn du dich besiegst, wenn du dich bändigst, wirst du so frei sein, wie du es dir niemals erträumt hast, und du wirst ein großes Werk beginnen und die anderen frei machen und das Glück sehen; denn dein Leben wird voll werden.«

Versuche, beim Zuhören anderer Menschen ganz still zu werden in deinem Inneren, und verzichte auf alle Zustimmung, alles Urteilen, Bewerten und Kritisieren in deinen Gedanken und Gefühlen. Sei Zeuge, nicht Gutachter. Sei frei von unheilsamen Gedanken und Regungen. Sei in Freude und Glück eins mit allem.

Für Sonntag gilt:

Der richtige Entschluss, richtiges Entschließen

Dostojewski hat in seinem »Tagebuch eines Schriftstellers«[4] geschrieben:

»Wir haben gesunde Entschlüsse nötig; früher werden wir nicht zur Ruhe kommen. Und nur die Ruhe ist die Quelle jeder großen Kraft … Ruhe aber haben wir wenig, besonders geisti-

4 Fedor M. Dostoevskij: Tagebuch eines Schriftstellers. Hrsg. und übertragen von Alexander Eliasberg. Band 1–4. Musarionverlag 1921, 1922, 1923.

ge Ruhe fehlt uns, und gerade diese wäre die wichtigste, denn ohne geistige Ruhe gibt es auch keine andere. Dem schenkt man bei uns gar keine Aufmerksamkeit, denn man strebt nur nach zeitlicher, materieller Glätte.

In den Köpfen ist keine Ruhe, und zwar in allen Schichten, und so haben wir auch keine Festigkeit, weder in unseren Überzeugungen noch in unseren Ansichten, unseren Nerven und zu guter Letzt auch nicht in unseren Ansprüchen.«

Heute ist der Tag des richtigen Entschlusses – unabhängig von Sympathie und Antipathie. Lerne nach und nach, durch die Wahrhaftigkeit deiner inneren Empfindung alles unüberlegte und nicht mit deinen Gefühlen übereinstimmende Handeln von deiner Seele fernzuhalten. Bist du von der Richtigkeit deines Entschlusses überzeugt, so sollst du auch mit innerer Standfestigkeit daran festhalten und dafür eintreten. Richte dich nach den Gesetzen aus, die du für dich erkannt hast. Lasse die weltlichen Wünsche los, und verursache kein Leid.

VERANTWORTUNG

Mir ist es sehr wichtig, dass du Verantwortung für dich selbst und dein Leben übernimmst. Wir neigen dazu, andere zu erhöhen und uns selbst kleinzumachen. Übernimm Verantwortung für dich selbst, und unterwirf dich nicht einer fremden Autorität. Wenn es deiner Empfindung zuwiderläuft, stelle niemals deinen Willen unter den Willen einer anderen Person, nur weil du dich vielleicht einem nach außen hin Höherstehenden verpflichtet hast. Dies blockiert deine individuellen Fähigkeiten und Kräfte. Es ist wichtig zu erkennen, dass niemand verantwortlich dafür ist, wie du lebst, außer dir selbst, denn du lässt es geschehen. Akzeptiere, dass du allein die Verantwortung für dich und dein Leben trägst.

Gerne geben wir in unseren Beziehungen den anderen die Schuld an diesem oder jenem. Du solltest das Wort Schuld ganz aus deinem Sprachgebrauch streichen. Es gibt immer Interaktionen zwischen Menschen und dabei wechselnde Dominanzen. Um es zu vereinfachen, könnte man sagen: Mal bin ich Opfer, mal bin ich Täter – wobei es manchmal natürlich auch vorgegebene und festgefahrene Situationen und Lebenskonstellationen gibt, aus denen man sich nicht so einfach befreien kann und in denen die Rollen scheinbar festgelegt sind. Wenn es uns in solchen Fällen gelingt, innerlich Abstand und damit eine gewisse innere Freiheit zu gewinnen, werden wir ein Gefühl größerer Selbstverantwortung empfinden, was uns wiederum befähigt, mit den Umständen besser zurechtzukommen.

Dagegen macht man es sich im Hinblick auf die eigene Erziehung zu einfach, wenn man sagt: »Meine Eltern haben dieses oder jenes falsch gemacht, und darum bin ich so geworden, wie ich bin.« In den meisten Fällen ist es doch so, dass die Eltern damals nach bestem Wissen und Gewissen gehandelt haben, dass sie es nicht besser wussten oder nicht anders konnten. Es liegt in meiner Hand, mich entweder ewig auf das »Unvermögen« meiner Erzieher zu beziehen und ihnen die »Schuld« für alles, was in meinem Leben misslingt, in die Schuhe zu schieben, oder ob ich sie aus ihrer Verantwortung entlasse, die Opferrolle aufgebe und mein Leben selbstverantwortlich gestalte.

Alles fließt – »panta rhei«. Verstehe, dass die Fehler der anderen sowie deine eigenen Fehler dir eine Art Lehrmeister sein können, um Erkenntnisse zu erlangen (siehe auch Kapitel »Ins Gleichgewicht kommen«, S. 146). Versuche, innere und äußere Veränderungen in deinem Leben nicht als Bedrohung deiner Ordnung zu empfinden, sondern mache dir klar, dass nur stetiger Wandel dich zur Erlangung deiner eigenen Vollkommenheit führen kann. Übernimm Verantwortung für deine innere Entwicklung, die immer auf Harmonie ausgerichtet sein sollte. Integriere deine Erkenntnisse in die Ausrichtung deines zukünftigen Lebens.

Um Verantwortung für dich selbst zu übernehmen, müssen zwei Voraussetzungen erfüllt sein:

1. Du verfügst über eine eigene Werteordnung in Bezug auf deine Lebensziele. Zu dieser Werteordnung gelangst du im Laufe des Lebens, aber besonders im Laufe der bewussten Arbeit an dir selbst. Diese Werte sind nicht durch die Gesellschaft vorgegebene Werte, die je nach intellektueller Ausrichtung geformt wurden, sondern Werte, die du sowohl verstandes- als auch gefühlsmäßig als tiefe innere Erkenntnis, Wahrheit und Wahrhaftigkeit fühlst.

2. Du kennst die Gesetzmäßigkeiten des Universums, damit du die geeigneten Mittel zur Erreichung deiner Lebensziele auswählen kannst. Die Gesetzmäßigkeiten des Universums, wir können auch sagen, der Schöpfung, erkennst du nur durch das stete Arbeiten an der Balance von Körper, Geist und Seele. Hierdurch öffnen sich die inneren Räume deines Wesens, und eine Rückerinnerung an die Weisheit deines Geistes wird möglich.

Woher bekommst du das richtige Gefühl für Verantwortung? Die Antwort ist: aus deiner Intuition und aus deinem Gewissen. Ihre Stimmen sind häufig identisch, und du solltest ihnen immer und unter allen Umständen Folge leisten. Nie kann die Intuition oder das Gewissen einer anderen Person dein eigenes Empfinden ersetzen! Nur du allein kannst herausfinden, was in dieser oder jener Situation richtig für dich ist.

JEDEM LEBENDIGEM WURDE DURCH GOTT EINE INDIVIDUELLE AUFGABE MITGEGEBEN!

Das gilt für uns Menschen genauso wie für Tiere, Pflanzen und Mineralien. Um deine eigene Aufgabe zu erkennen und sie zu erfüllen, bedient sich die geistige Welt deiner Intuition. Über diese Fähigkeit erhältst du entsprechende Zeichen und Führung. Gott, dein Schutzengel, deine Geisthelfer sprechen hierbei, wie ich schon im Kapitel über die Intuition erwähnte (siehe S. 83), immer über deinen Bauch mit dir, nie über deinen Kopf.

Übernimm Verantwortung dafür, dass deine Talente und Fähigkeiten auch ins Leben kommen, dass sie von dir gelebt und geliebt werden. Mache dich auf die Reise zu deinen Zielen.

WICHTIG IST ES, DIE DINGE IMMER MAL WIEDER AUCH GANZ NÜCHTERN ZU BETRACHTEN, UM ZU ERKENNEN, WARUM DU DICH IN DIESER ODER JENER SITUATION BEFINDEST!

Verantwortung zu übernehmen, für dich und dein Leben, bedeutet auch, dass du dir bewusst machst, dass deine Gedanken sich manifestieren und du damit im Rahmen deiner inneren und äußeren Möglichkeiten deine Welt erschaffst. Es ist so einfach, wie es klingt. Die meisten Menschen scheitern daran, dass sie nicht glauben können, dass es wirklich so einfach ist, und finden immer wieder neue Ausreden, es gar nicht erst zu versuchen.

Alle großen Dinge des Lebens sind im Grunde jedoch einfach, dynamisch und schöpferisch. Sie alle sind auf Wohlgefühl und Liebe ausgerichtet. Bringe dich dazu in Resonanz, und entscheide dich, glücklich zu sein.

Verantwortungsbewusstsein schaffen

Um mehr Verantwortungsbewusstsein zu erlangen, könntest du morgens folgende Affirmation sprechen:

»Ich trage die Verantwortung fur mein Leben – jetzt und jederzeit. Heute gelingt mir alles zu meinem Besten. Der heutige Tag ist schöner als jeder zuvor. Die göttliche Führung stärkt mein Bewusstsein für meine Verantwortung und die Gestaltung meines glücklichen Lebens. Gottes Liebe, Licht und Segen ruhen auf allem, was ich heute tue. Gottes Liebe umgibt mich zu jeder Zeit, und ich gebe sie weiter an meine Umwelt. Meine liebende Ausrichtung zieht Liebe, Glück und Freude magisch an. Alles, was ich heute unternehme, ist ein gesegnetes Geschenk meiner göttlichen Führung.«

Du bist verantwortlich dafür, dass du auf den Gebieten Erfolg hast, die dir wirklich wichtig sind. Verantwortung für dich zu übernehmen, führt dazu, dass du ein glückliches Leben in Gelassenheit, Freiheit, Glück, Gesundheit und Liebe sowie mit wahrhaftigen Freunden lebst.

DEN PREIS BEZAHLEN – DEN LOHN ERHALTEN

Der Punkt, »Den Preis bezahlen«, ist am schwersten durchzuführen. Er bedeutet, wirklich die Konsequenzen zu ziehen, die sich durch die Umsetzung der erhaltenen Erkenntnisse ergeben. Sicherlich wirst du dich von einigen alten Gewohnheiten und Verhaltensmustern verabschieden müssen.

Die größte Gefahr hierbei besteht natürlich darin, dass du wieder in alte Muster zurückfällst. Das wird bestimmt passieren. Sei dann nicht zu streng mit dir, besinne dich auf dein neues Bewusstsein, und korrigiere deine Haltung und Handlungen. Lasse die alten Muster los, und erschaffe dich neu, aber ohne die Werte zu verlieren, die sich als zu dir gehörend erwiesen haben. Die Macht der Gewohnheit ist uns allen bekannt, sie ist auf allen Ebenen der Gegenspieler der Wahrheit. Sie ist darum so verführerisch, weil sie uns Sicherheit vorgaukelt, in Wahrheit hält sie uns aber nicht nur davon ab, neue Wege zu gehen, sondern sie führt uns auch instinktiv dazu, alles ohne Prüfung von uns zu weisen, was im Gegensatz zu unserem Lebensmuster und den bisherigen Überzeugungen steht. Es gibt nur einen Weg, den Rückzug in Gewohnheiten zu vermeiden. Dieser Weg heißt »Erleben der Wahrheit«, ohne dass diese dann vom Kopf »weggedacht« wird. Übe im täglichen Leben, deinem Bauchgefühl zu vertrauen.

Manchmal haben wir auch schmerzhafte Opfer zu bringen, z. B. in Bezug auf Status, Geld, Anerkennung. Möglicherweise wirst du, wie schon gesagt, den einen oder anderen mit deiner neuen Ehrlichkeit vor den Kopf stoßen und verlieren. Sicherlich wirst du aber auch neue Beziehungen erleben, in denen diese Ehrlichkeit und Authentizität geschätzt wird. Diese Beziehungen zeichnen sich durch Begegnungen auf gleicher Augenhöhe aus. Dadurch, dass du wahrhaftig bist, gibst du auch deinem Gegenüber die Chance, wahrhaftig sein zu können.

Der größte Lohn aber ist ein inneres Erwachen und Wachsen, wenn du spürst, dass du selbst dein Leben und seine Ausformung in der Hand hast.

BLOCKADEN

Wir alle leiden mehr oder weniger unter Blockaden, die sich in unserem täglichen Leben oft als »unbewusste Verhinderer« auswirken. Da wir den Grund der Blockaden nicht kennen und manchmal auch gar nicht wissen, dass es sich überhaupt um Blockaden handelt, erkennen wir die Ursachen unseres Scheiterns oder des Nicht-Gelingens irgendwelcher Projekte nicht.

Dabei wäre es manchmal so einfach, vorausgesetzt wir würden die Blockaden erkennen! Oft scheitert es leider daran, dass wir uns einfach keine Zeit zum Hinhören nehmen. Wir finden Zeit für alles und jeden, nur nicht für uns selbst.

So versäumen wir aber, eine gesunde Beziehung zu uns selbst aufzubauen, die es ermöglichen würde, in einen ehrlichen inneren Dialog über unsere Stärken und Schwächen zu gelangen.

Da unsere Emotionalität im Kern immer wahrhaftig ist, wir uns jedoch durch die Ratio eine »Scheinemotionalität« aufgebaut haben, verkennen wir unsere eigentliche, wahrhafte emotionale Realität des Alltags.

Da wir dann Weltmeister im Vorspielen »angenommener Gefühle« werden und unser Umfeld dieses Spiel ja genauso spielt, glauben wir, alles sei in bester Ordnung.

Wir verkennen nur, dass wir auf diese Weise eine Realität geschaffen haben, in der keiner sich traut, die Wahrheit zu sagen.

Fangen wir selbst an, wahrhaftig zu werden, indem wir unsere eigene Wahrheit erkennen und uns trauen, sie auch nach außen zu vertreten, so geben wir dadurch auch den anderen die Chance, wahrhaftig zu werden, und den Mut, zu ihrer Wahrhaftigkeit zu stehen.

Bleiben wir jedoch in unserer Verkleidung, mit unseren Masken und der mit den Jahren zunehmenden Anstrengung des »Sich-Verstellens«, dann nähren wir in uns die abbauenden Kräfte, und dies führt irgendwann unweigerlich zu Krankheit.

Wir schwächen dadurch auch unser Umfeld, denn alles, was auf uns einschwingt, hat, wie schon erwähnt, entweder aufbauende oder abbauende Kräfte, und die entsprechenden Schwingungen ziehen sich an.

Wenn wir über einen längeren Zeitraum das Gefühl haben, die Realität und die vorgespielte Scheinrealität nicht mehr in Einklang bringen zu konnen, stellen sich Gefühle wie Sinnlosigkeit und innere Leere ein.

Es kommt dazu, dass unsere krank machenden Gewohnheiten eine Kultur schaffen, in der wir unser gewohntes Muster nicht mehr infrage stellen, sondern nur versuchen, den Alltag irgendwie zu meistern, ihn durchzustehen.

Es gilt also, gut hinzuhören, um die eigenen Dysbalancen zu erkennen.

Es sollte uns auch klar sein, dass der Preis, den wir zu zahlen haben, der Preis der Veränderung ist. Nach den anfänglichen Schwierigkeiten, die eine Veränderung mit sich bringt, kommt langsam der Erfolg, und alles bewegt sich zum Guten. Dann wächst auch die innere Motivation, diesen Weg der Wahrheit weiterzugehen. Wir spüren und staunen, dass unser Umfeld aus der anfänglichen Dissonanz in eine positive Resonanz mit uns und unseren Zielen kommt.

Manchmal empfinden wir unser Umfeld aber auch als »Bremse« für unsere Entwicklung. Darum möchte ich dir noch einmal bewusst machen, dass wir alle, so unterschiedlich wir auch sind, als gemeinsame Basis unseres Lebens, tief in unserem individuellen Wesenskern die Liebe als das vereinende Fundament bezeichnen können. Ist die Liebe abwesend, kann weder der einzelne Mensch noch die Familie oder die Gesellschaft Glück und Zufriedenheit erreichen. Schauen wir uns die Gesellschaft an, so sehen wir sehr viele unterschiedliche Aufgabenbereiche. Es gibt Gruppen und Individuen, die sich um technische Entwicklung kümmern, wie Ingenieure. Es gibt Gruppen und Individuen, die sich mit der Wissenschaft beschäftigen etc. Du kannst noch viele Gruppen und Individuen hinzufügen.

Alle Individuen sind aus der Liebe entstandene menschliche Wesen, und alle nutzen ihre Berufung in der Regel zum Wohle der ganzen Gesellschaft.

Wenn wir unser Leben betrachten, dann richten wir unsere Aufmerksamkeit zunächst auf uns selbst und auf die Frage: »Was will ich im Leben machen?« Wenn wir diese Frage beantwortet und einige Zeit darauf verwendet haben, richten wir unseren Fokus auf unsere Familie, dann auf die Gesellschaft und so weiter.

Die Motivation ist immer das Bedürfnis, sich in seinem Umfeld wohlzufühlen.

Wenn auch oft unbewusst, steckt dahinter immer der Wunsch, unbedingt, also ohne Bedingung, geliebt zu werden. Da der Weg zur Erfüllung dieses Wunsches sehr individuell und unterschiedlich ist, kommt es natürlich zu Konflikten. Diese entstehen, wenn meine Interessen den Interessen der anderen entgegenstehen. Dennoch ist der Beweggrund immer der gleiche. Wenn ich das im Auge behalte, kann ich die anderen schon anders wahr- und annehmen.

Die Entscheidung aber, sich auf den Weg zu machen und heil zu werden, ist der Startschuss für die geistige Welt, uns unterstützend beizustehen. Du erkennst, nachdem du dich wirklich entschieden hast, dir deiner selbst bewusst zu werden, dass die Hilfe der geistigen Welt allgegenwärtig ist, und du lernst, die Zeichen zu lesen. Wenn sich bei dir die feinstoffliche Empfindung zunehmend einstellt, erkennst du die energetischen Verbindungen, die zwischen dir und dem Kosmos vorhanden sind. Je mehr Blockaden beseitigt werden, desto klarer und offener empfindest du ein Getragensein, ein Eingebundensein in das große Ganze, ein »Hier-bin-ich-willkommen–Gefühl«. Blockaden auf den energetischen Bahnen unseres Seins empfinden wir als Abgetrenntsein von allem Schönen. In dieser Phase fühlst du dich einsam, obwohl vielleicht viele Menschen um dich sind. Sei jedoch versichert, dass du, solange du dich hier auf dieser Erde bewegst, niemals von guten Wesen um dich herum verlassen bist, und schon gar nicht von Gott! Gott und seine Helfer sind immer bei dir. Manchmal nimmst du sie nur nicht wahr.

Wie ich schon sagte: Du bist verantwortlich dafür, wie du lebst, denn du lässt es zu. Viele Suchende denken, dass sie sofort ein anderer Mensch werden und Erfolg sich einstellen muss, wenn sie nur recht fleißig üben und alles nach Vorschrift ausführen, was ihnen vielleicht ein spiritueller Meister oder eine Bewegung, der sie sich angeschlossen haben, vorgibt. Oder sie glauben, dass eine vorhandene Krankheit sofort zu verschwinden hat. Tut sie dies nicht, stellen sie wieder alles, was sie sich schon erarbeitet haben, infrage.
So zu denken bedeutet, wieder einmal dem Kopf mehr Raum zu geben als dem Emotionalkörper.

Der Kopf – oder, anders gesagt, der Mentalkörper – bewertet, urteilt, setzt etwas in Relation zu etwas anderem etc. Daraus ergibt sich jene beschränkende Sichtweise, aus der heraus es uns nicht möglich ist, die Gründe aller unserer Blockaden zu erkennen. Auf deinem inneren Weg geht es nur darum, dass du dich in den Dienst des Guten und der Liebe stellst und aktiv beobachtest, was mit dir geschieht. Du sollst lernen, zuzulassen, wenn dein Bauch etwas will, und nicht dem Kopf zu gehorchen, wenn er sagt: »Das tut man nicht, das kannst du doch nicht, das ist nichts für dich« etc.

Lerne, deinem Bauchgefühl Raum zu geben. Nimm an, was die geistige Welt gerade jetzt für dich bereithält. Du sollst es im Vertrauen auf Gott ergreifen und nicht überlegen, ob du das Geschenk, das Gott dir zukommen lassen möchte, vielleicht besser ablehnst, weil dein Muster dir sagt: »Dieses oder jenes ist bei dir noch nie gut gegangen, also versuche es erst gar nicht.«

Um zu verdeutlichen, was ich meine, benutze ich gerne das Bild eines Hauses: Wenn du in deinem Haus einen Raum immer dazu benutzt hast, dort den ganzen Müll zu lagern, so ist dieser Raum irgendwann nicht mehr zu bewohnen, und so beginnst du vielleicht, auch noch einen weiteren Raum in deinem Haus mit Müll zu füllen. Eine Zeit lang hast du ein gutes Gefühl, wenn du die Tür hinter dir geschlossen hast und all den Müll nicht mehr siehst. Es kommt aber die Zeit, in der auch der nächste Raum so voll ist, dass du wieder vor der Wahl stehst, aufzuräumen oder noch einen weiteren Raum als Müllhalde zu verwenden. Entscheidest du dich für Letzteres, führt dieses Verhalten irgendwann dazu, dass du selbst keinen Platz mehr in deinem Haus findest und die Wahl hast, entweder dein Haus zu verlassen, was übertragen den Abschied aus diesem Erdenleben bedeuten würde, oder endlich den Weg des Aufräumens zu wählen. Wenn du beginnst, Ordnung zu machen, wirst du sehen, dass du den ganzen Müll noch einmal anfassen musst. Dein Lohn aber wird sein, dass du dein Haus wieder normal bewohnen und die frisch renovierten Räume, deine inneren Räume, genießen kannst. Nun wirst du hoffentlich deine neuen, jetzt gereinigten, frisch duftenden Räume in einer neuen Art und Weise füllen, die dir gemäß ist und mit der du dich wohlfühlst.

Aus den unterschiedlichsten Gründen verleugnen wir uns oft selbst. Meist aus Angst, abgewiesen zu werden und dann allein zu sein. Du bist nicht allein! Sei sicher, dass die Prüfungen deines Lebens von vielen guten Mächten begleitet werden. Habe den Mut, dich an sie zu wenden. Es ist so wichtig für die Wesenheiten der geistigen Welt, dass wir sie um Hilfe bitten, weil sie sonst nur in Notfällen eingreifen dürfen. Viele Menschen haben sicher schon einmal in großer Not die Nähe eines Schutzengels gespürt.

Nur durch die Prüfungen unseres Daseins sind wir das geworden, was wir heute sind. Durch unsere Lebensprüfungen konnten wir wachsen. Wenn du dich erinnerst, waren es meist die Auswirkungen schwerer Schicksalsschläge, die uns etwas Wesentliches gelehrt haben. Die positiven Ereignisse nehmen wir gerne wahr, sie verblassen aber meist schneller zu netten Erinnerungen. Die großen Eckdaten unseres Lebens werden aber meist durch Leid geadelt.

Je mehr du in dein Leben investierst, je mehr du gibst, desto mehr wirst du ernten. Wenn du deiner Umwelt Glück und Liebe schenkst, wirst du ein Vielfaches an Glück und Liebe ernten. Gott und alle Wesenheiten der Lichtwelt stehen dir bei!

Auch in deinen verschiedenen Inkarnationen hast du immer wieder unterschiedliche Blockaden in deine Persönlichkeit und deine Energiekörper eingebaut. Wenn du dich bereit fühlst, könnte es jetzt an der Zeit sein, diese Blockaden loszulassen. Tue es nicht nur für dich selbst, sondern auch für deine ganze Ahnenlinie bis zurück zum Anfang unserer Entwicklung.

Lösung von Blockaden (aus »Geistheilung und Energiearbeit«)

Sprich im Geiste:

»Ich hebe hiermit alle Blockaden auf, um die Illusion der Unbewusstheit erfahren zu können.

Als der Lichtträger in meiner genetischen Ahnenreihe entlasse ich diese Blockaden für mich selbst und für alle meine Vorfahren.

Ich erkläre diese Blockaden für nichtig und wirkungslos in dieser Inkarnation, in allen anderen Inkarnationen über Zeit und Raum hinweg, in Parallelwelten, Paralleluniversen, Alternativrealitäten, Alternativuniversen, allen Planetensystemen, allen Dimensionen und allen Systemen, die aus der Urquelle entstanden sind.

Ich bitte darum, alle Kristalle und sonstigen Gegenstände, Gedankenformen, Emotionen, Matrizen, Schleier, Zellgedächtnisse, Bilder der Realitäten, genetische Beschränkungen und den Tod jetzt loslassen zu können.

Im Namen des Gesetzes der Gnade, im Namen des Dekrets des Sieges! Im Namen des Dekrets des Sieges! Im Namen des Dekrets des Sieges!

Ich bitte darum, erwachen zu können – wenn der Geist es will. Wenn der Geist es will, bin ich erwacht!«

Diese Übung ist eine Möglichkeit, sich auf den inneren Weg zur Freiheit zu begeben. Es ist ratsam, sie in der ersten Zeit einmal wöchentlich durchzuführen.

Es wird auf dem Weg immer wieder Phasen geben, in denen du dich schwer und abgetrennt fühlst, in denen du den Eindruck hast, stehen zu bleiben. Das ist ganz normal und gehört zur Entwicklung dazu. Die Tatsache aber, dass du dich entschieden hast, deinen Weg zu dir selbst zu gehen, ermöglicht es erst, dass der innere Reinigungsprozess einsetzt, der die Voraussetzung zum Heilwerden ist.

Ins Gleichgewicht kommen

SPIEGELGESETZE

Um in der ehrlichen Selbstanalyse voranzukommen, können die Spiegelgesetze, die ich schon in meinem Buch »Geistheilung und Energiearbeit« beschrieben habe, sehr hilfreich sein.

1. Spiegelgesetz:
   Alles, was mich am anderen stört, ärgert, aufregt oder in Wut geraten lässt und ich anders haben will, das trage ich selbst in mir. Alles, was ich am anderen kritisiere, bekämpfe und/oder verändern will, kritisiere, bekämpfe und unterdrücke ich in Wahrheit in mir selbst und wünsche mir, dass es anders wäre.

2. Spiegelgesetz:
   Alles, wodurch ich mich verletzt fühle, wenn ein anderer es an mir kritisiert, bekämpft und/oder verändern will, betrifft mich und ist in mir noch nicht erlöst. Meine gegenwärtige Persönlichkeit fühlt sich gekränkt und beleidigt.

3. Spiegelgesetz:
   Alles, was ein anderer an mir kritisiert, mir vorwirft, an mir verändern will oder an mir be-

kämpft, was mich aber nicht berührt, betrifft sein eigenes Bild, seinen eigenen Charakter, seine eigene Unzulänglichkeit, die er nur auf mich projiziert.

4. Spiegelgesetz:
   Alles, was mir am anderen gefällt, was ich an ihm liebe, bin ich selbst, habe ich selbst in mir. Ich erkenne mich selbst im anderen, wir sind in diesen Punkten eins.

ALLES, WAS IN DIR IST, WIRD DIR IM AUSSEN GESPIEGELT. ALLES, WAS DU SELBST BIST, KOMMT DIR AUCH VON AUSSEN ENTGEGEN.

Wenn du lernst, dir diese Gesetzmäßigkeit zu eigen zu machen, dann stellst du fest, dass es im Außen immer etwas gibt, was du auch in deinem Inneren trägst – entweder durch seine Bejahung oder durch seine Verneinung. Wenn du innerlich Ja sagst, dann sind die Kräfte der Anziehung in dir wirksam. Du hast das Geschehen an dich herangezogen. Dies kann bewusst oder unbewusst passieren. Die uns umgebende Wirklichkeit, in der wir leben, spiegelt jene Lebensenergie, die wir selbst erschaffen.

Ein alter Meister hat einmal gesagt, dass ein Ereignis, welches unseren Widerspruch erregt, ebenso notwendig ist wie die Geschehnisse, die wir bejahen.

Wir verneinen und halten somit von uns fern, was irgendwann zu unserem Schicksal wird. Denn, so sagt er weiter, wenn wir etwas von uns weisen oder es aber auch bejahen, bindet es uns. Wirklich frei sein können wir aber nur, wenn wir etwas weder begehren noch fürchten. Nur in demjenigen, der dies erreicht, würden sich Himmel und Erde vereinen.

Bestimmt wirst du in deiner Selbstanalyse Eigenschaften erkennen, die du ablegen möchtest. Wenn dem so ist, dann kannst du heute beginnen, dich von ihnen zu befreien.

Versuche, jeden Tag als eine Art Training zu sehen, bei dem es dir mal mehr, mal weniger gelingen wird, an den Eigenschaften, die du als negativ empfindest, zu arbeiten.

Als Menschen sind wir immer mit Polaritäten konfrontiert. Jeder hat positive und negative Eigenschaften. Wir sind natürlich sehr darauf bedacht, nur unsere guten Seiten zu sehen. Alles, was in unserer eigenen Beurteilung bewusst oder unbewusst als schlecht betrachtet wird, verdrängen wir, und wir wollen nicht wahrhaben, dass diese Eigenschaften auch zu uns gehören. Wir müssen uns aber klarmachen, dass wir ohne Polaritäten keine Chance hätten, etwas zu lernen, etwas zu erfahren.

Die Polaritäten sind unsere Plattform, auf der wir Erfahrungen machen und Erkenntnisse erlangen, die wir dann in unseren Wesenskern integrieren.

Körper, Geist und Seele streben immer nach der »Ganzheit«, wollen sich stets in Harmonie befinden. Somit wollen sie auch, dass wir unsere verdrängten Eigenschaften an die Oberfläche holen, um sie zu harmonisieren. Also hören wir in uns hinein und erkennen anhand der Spiegelgesetze, welche Eigenschaften in uns bearbeitet werden wollen.

DEINE FEHLER SIND DEINE HELFER

Polaritäten verbinden

Visualisiere einen Konflikt aus deinem Leben. Spüre in diesen Konflikt hinein. Wie fühlt er sich an? Wie geht es dir dabei? Visualisiere dieses Gefühl auf einer deiner Hände. Nimm nun genau das Gegengefühl, den Gegenpol wahr, und visualisiere es auf deine andere Hand. Führe dann ganz bewusst beide Hände zusammen, und bitte um eine Botschaft für diesen Konflikt. Spüre in deinen Bauch. Wie fühlt sich die Botschaft an? Ist es eine Botschaft, die du schon erwartet hast, oder ist es etwas ganz Neues, ein neuer Aspekt, ein neues Gefühl?

Mit dieser Übung kannst du die Polaritäten, die in uns oft entgegengesetzt wirken, verbinden. Du spürst sehr schnell, dass es immer mehrere Möglichkeiten gibt, dass das eine das andere nicht ausschließt und dass ein Miteinander oft dort möglich ist, wo wir zuvor nur ein Entweder-Oder wahrnehmen konnten.

Du kannst diese Übung auch mit zwei sich widersprechenden Situationen durchführen. Beispielsweise erlebe ich in meiner praktischen Arbeit häufig, dass eine Frau meint, sie könne nicht gleichzeitig eine gute Mutter und erfolgreich im Beruf sein.

Wenn du auch so denkst, nimm das Gefühl, eine gute Mutter zu sein, auf die eine Hand und das Gefühl oder den Wunsch, eine verantwortungsvolle Arbeit aufzunehmen, in die andere Hand. Du kannst dir auch für jede Hand ein Symbol denken.

Dann lasse die Gefühle oder die Symbole miteinander sprechen. Das eine fragt das andere, welche positive Absicht es hat. Haben beide Symbole gegenseitig die positiven Absichten erfragt, führe beide Hände zusammen, und lasse dir ein gemeinsames, neues Symbol von beiden schenken. Visualisiere das neue Symbol dann an einer bestimmten Stelle deines Körpers, atme tief ein, und spüre nach, wie es sich dort anfühlt, welche

Farben du wahrnimmst oder ob du eventuell besondere Klänge vernimmst etc. Dann lasse dir von diesem neuen Gefühl drei Situationen schenken, in denen du es gebrauchen kannst. Genieße es, und sei gespannt, wie es sich anfühlt, gleichzeitig eine gute Mutter zu sein und einen verantwortungsvollen Job auszuüben.

Du kannst diese Übung auch anwenden, wenn du einen Konflikt mit einer anderen Person hast. Dazu stellst du dir vor, wie der Konfliktpartner dir gegenübersteht.

Dann sagst du ihm alles, was dir auf dem Herzen liegt. Anschließend tauschst du die Position, fühlst dich in die Lage deines Gegenübers hinein und sagst aus diesem Zustand heraus alle Dinge, von denen du glaubst, dass er sie dir sagen möchte. Lasse alles zu, was in dir hochsteigt und gesagt werden will. Mache das einige Male im Wechsel. Wenn du das Gefühl hast, dass alles gesagt wurde, bitte um ein Symbol, das zur Harmonisierung und Heilung des Konflikts beitragen kann. Dieses Symbol kannst du in Zukunft als eine Art Medikament für diese und ähnliche Situationen benutzen.

Betrachte Konflikte als Chance zur persönlichen Entwicklung. Die Fehler, die du in der inneren Auseinandersetzung mit deinen Konflikten an dir erkennst, können dich dazu motivieren, dich zu ändern. Insofern kannst du sogar dankbar sein, dass es die Konflikte gibt. Ohne sie würdest du kaum so effektiv etwas über dich und andere lernen.

DEINE FEHLER SIND DEINE LEHRMEISTER, UND SOMIT SIND SIE ETWAS POSITIVES!

Unsere Fehler werden uns von Gott nicht vorgeworfen. Ihm geht es immer nur um Erkenntnis. In dem Moment, in dem wir aus einer problematischen Situation die entsprechenden Schlüsse gezogen haben, sind unsere Fehler für Gott vergeben. Wichtig ist, wie wir schon im Kapitel »Verzeihen – Vergeben« (siehe S. 49) gelesen haben, dass wir auch uns selbst vergeben. Solange wir das nicht tun, halten wir Energie fest, blockieren uns selbst und werden in unserer Weiterentwicklung, unserem Heilwerden nicht vorankommen. So lässt sich feststellen: Unser Geist strebt zwar immer nach Vervollkommnung, erkennt aber unsere Unvollkommenheit gleichzeitig als positiv und unbedingte Vorraussetzung für geistiges Wachstum an.

DREI FÄHIGKEITEN DES HERZENS

»Ich bin einzigartig und liebenswert mit all meinen Fehlern!« – Wer ist schon in der Lage, so etwas in voller Überzeugung zu sich selbst zu sagen? Meistens bekämpfen wir unser wahres Ich, anstatt es anzunehmen. Wenn wir jedoch nicht liebevoll mit uns umgehen können, ist uns das in letzter Konsequenz auch nicht mit anderen möglich. Unser Gegenüber dient dann, ob wir wollen oder nicht, immer als Projektionsfläche für Eigenschaften, positive wie negative, die wir uns noch nicht bewusst gemacht haben.

Um zu lernen, uns selbst bedingungslos zu lieben, sollten wir als Erstes erkennen, dass unser Leben ein Geschenk ist. Dieses Leben in seiner ganz besonderen, individuellen Ausprägung kannst nur du allein führen. Niemand sonst auf der Welt, jetzt, früher oder zukünftig, wird jemals genau dieselben Erfahrungen machen.

DU ZU SEIN IST EIN PRIVILEG!

Du bist einzigartig, und da die Welt deine Einzigartigkeit braucht, um ein komplettes großes Ganzes zu formen, bist du genauso wertvoll wie die anderen! Deine gesunde Selbstliebe findet ihre Berechtigung in dir selbst, einfach, weil du ein Geschöpf Gottes bist, und nicht, weil du dieses oder jenes geleistet hast, eine bestimmte Herkunft hast etc.

WAS DIR HILFT, DICH ZU LIEBEN UND ANZUNEHMEN, IST FOLGENDES:
INNEHALTEN
STAUNEN
ABSICHTSLOSIGKEIT

Das Innehalten mit all seinen Facetten haben wir schon in Kapitel 4 »Wozu Liebe?« (siehe S. 55) kennengelernt.

Es ist, als ob wir in der Hetze des Alltags einmal stehen geblieben wären und uns gründlich umgeschaut hätten. Dabei richtet sich unser Blick auch nach innen und fällt auf manch unliebsame Eigenschaft. Statt uns wie üblich zu verurteilen oder herauszureden, wollen wir es diesmal anders machen und sehen noch genauer hin, nehmen die Qualität dieser Eigenschaft einfach wahr. Im Laufe der Arbeit an sich selbst kommt dann irgendwann dieser unbeschreibliche Moment des Staunens. Dieser Augenblick ist nur schwer in Worte zu fassen. Nur derjenige, der ihn erlebt oder erlebt hat, kann ihn wirklich nachvollziehen. Ich will dennoch versuchen, dir diesen Moment zu beschreiben. Es ist ein Augenblick von ungewöhnlicher Klarheit und Einheit von Körper, Geist und Seele. In diesem Moment glaubst du nicht mehr an die Führung allen Seins, du weißt, dass es sie gibt. Es ist der Moment, in dem sich Glauben in Gewissheit gewandelt hat.

Laut Albert Einstein liegt das Schönste, was ein Mensch je erleben kann, gerade im Geheimnisvollen. Wer die Fähigkeit zum Staunen und Wundern verloren habe, sei sozusagen tot und blind. Das Wissen um das Geheimnisvolle sei es, was nach Einstein wahre Religiosität ausmachte und ihn in diesem Sinne selbst zu einem tief religiösen Menschen gemacht habe.

Im Moment dieses tiefen Empfindens ist es dir dann auch möglich, all deine Eigenschaften anzunehmen. Plötzlich erkennst du nicht nur deine eigene innere Schönheit, sondern die Schönheit der menschlichen Seele an sich.

Absichtslosigkeit als dritter Schritt, der nötig ist, um das Geheimnis der Liebe zu erfahren, kann im Grunde ebenso wenig gelehrt werden. Vielmehr stellt sie sich auf dem Weg zu sich selbst, den jeder nur für sich gehen kann, irgendwann automatisch ein.

Ich möchte

mich um dich kümmern,
ohne dich verändern zu wollen;

dich lieben,
ohne dich einzuengen;

dich wertschätzen,
ohne dich zu bewerten;

dich ernst nehmen, ohne dich
auf etwas festzulegen;

zu dir kommen, ohne mich
dir aufzudrängen;

dich einladen, ohne
Forderungen an dich zu stellen;

dir etwas schenken, ohne
Erwartungen daran zu knüpfen;

von dir Abschied nehmen können,
ohne Wesentliches versäumt zu haben;

dir meine Gefühle mitteilen,
ohne dich für sie verantwortlich zu machen;

dich informieren,
ohne dich zu belehren;

mich an dir freuen,
so, wie du bist.

Absichtslosigkeit bedeutet, nicht zu urteilen oder zu bewerten. Ohne Erwartung eines Ergebnisses und ohne Verlangen, die Welt zu betrachten, einfach wahrzunehmen, was sich einem zeigt.

Um Absichtslosigkeit zu üben, können wir uns bei unserer täglichen Lebensschulung immer wieder fragen: »Würde ich dieses oder jenes auch tun, wenn ich dafür nichts erhielte?«

Nur durch Absichtslosigkeit können wir die tiefste Dimension der Liebes- und Lebenskräfte verstehen. Absichtslose – wir können auch sagen: bedingungslose – Liebe ist der Schlüssel.

Die Harmonie deines Herzens fördert Absichtslosigkeit, Schönheit, Freude, Großzügigkeit, Hilfsbereitschaft, Friede, Licht, Glück und Gesundheit. Disharmonie fördert Berechnung, Hässlichkeit, Schmerz, Unglück und Krankheit.

Innehalten, Staunen und Absichtslosigkeit sind Fähigkeiten des Herzens, die ineinandergreifen. Mal steht die eine Fähigkeit im Vordergrund, mal die andere, aber sie gehören zusammen. Auch wenn sie streng genommen nicht gelehrt werden können, kann man doch daran arbeiten, sie mehr in sich zu verwirklichen.

Dies gelingt z. B. mittels Affirmationen, die liebevolle Gefühle in uns auslösen. Es ist eine gezielte, absichtsvolle Stärkung unserer Liebeskräfte, die uns, so widersprüchlich es auch klingt, in die Lage versetzt, unser Herz zu öffnen und für die tieferen Geheimnisse der Liebe empfänglich zu werden.

Wenn du dir die folgenden neun Affirmationen täglich vorliest, wirken sie auf bestimmte Grundmuster deines Lebens erlösend. Lies sie langsam und innig.

ÜBUNG 12

Sich selbst lieben

Lasse die Affirmation jeweils einen Moment wirken, bis du die nächste liest:

1. Ich bin anerkannt und angenommen.

2. Ich bin mir meiner Fähigkeiten und Kräfte voll bewusst.

3. Ich achte mich selbst und werde von anderen geachtet.

4. Ich verdiene, was ich besitze.

5. Ich bin reich – in meinem Inneren und im Außen.

6. Ich bekomme alle Liebe und Zuwendung, die ich brauche. Ich liebe mich so, wie ich bin.

7. Ich verstehe die Dinge, die um mich herum existieren, und bin gut in allem, was ich tue.

8. Ich bin in jeder Hinsicht schön und liebenswert.

9. Ich werde erkannt, bin wertvoll und einzigartig.

Die erste Affirmation wirkt erlösend auf die Suche nach Anerkennung. Die zweite Affirmation wirkt erlösend auf das Gefühl der Ohnmacht in Bezug auf Körper und Seele sowie auf die Anforderungen des täglichen Lebens. Die dritte Affirmation stärkt das Selbstwertgefühl. Die vierte Affirmation erlöst von Neid. Die fünfte Affirmation hilft, das Gefühl zu überwinden, nicht genug zu haben und zugunsten anderer verzichten zu müssen. Die sechste Affirmation harmonisiert die Suche nach körperlicher und seelischer Liebe. Die siebte Affirmation lindert den Ehrgeiz oder das Gefühl, nicht so gut wie die anderen zu sein. Die achte Affirmation erlöst von Eitelkeit, und die neunte Affirmation sorgt für innere Balance und befreit von Eifersucht.

Trage die Liebe deines Herzens auf deiner Zunge, und sage dir außerdem morgens und abends, wenn du in den Spiegel blickst:

ICH LIEBE DICH! – LEBE!

Sage dies, wo es angebracht ist, auch im Laufe des Tages zu anderen. Die gesunde Liebe zu dir selbst führt zur bedingungslosen Liebe zu allem, was ist.

DIE HAUPTMOTIVATOREN: LIEBE UND ANGST

Um mit den Polaritäten, in denen wir uns ständig bewegen, besser umgehen zu können, sollten wir uns die beiden »Hauptmotivatoren« unseres Lebens bewusst machen. Alles, was wir tun, geschieht entweder aus Liebe oder aus Angst. Alles lässt sich im Kern auf diese beiden Ursprünge reduzieren.

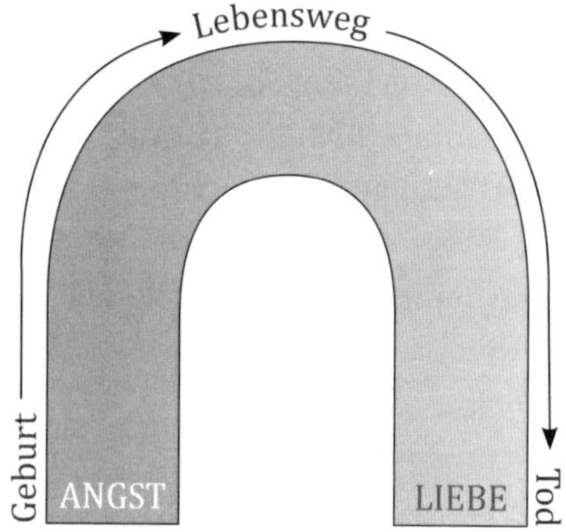

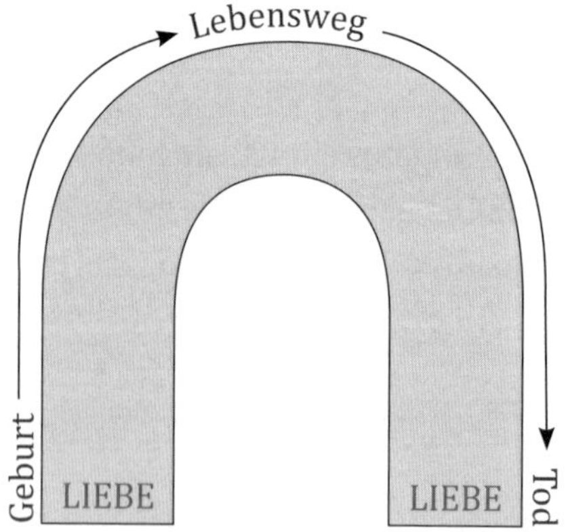

Stelle dir anhand dieses Bildes vor, das Fundament der Torbögen wäre dein Wesenskern in der geistigen Welt, in dem du alles speicherst, was du in vielen Inkarnationen auf Erden als Essenzen deiner Leben sammelst. Die Torbögen stellen deine Leben als Mensch dar. Nun kommt es darauf an, aus welcher Richtung du ihn durchschreitest. Begegnest du allem aus der Motivation der Angst heraus, hast du keinen guten »Rückhalt«, denn Angst und Dunkelheit sitzen dir ständig im Nacken. Kommst du jedoch aus der Motivation Liebe und Licht, so stärken dir Liebes- und Lichtkraft den Rücken.

Denn so, wie Angst die Angst anzieht, zieht Liebe die Liebe an.

Wenn du in Liebe lebst, ist es nach dem universellen Gesetz von Ursache und Wirkung unabdingbar, dass sich in dir entsprechende Liebesenergien sammeln und auch von dir ausgehen.

Liebe ist die Kraft der Evolution. In ihr ist all das Wissen gespeichert, das die Entwicklung der Schöpfung über Jahrmillionen vorangebracht hat.

INDEM DU IN DER LIEBE LEBST, TRÄGST DU IN DIR DIE UNENDLICHE WEISHEIT ALLEN SEINS.

Dieses gesamte Wissen, das die ganze Schöpfung in sich vereint, trägst du in jeder Zelle deines wunderbaren Körpers. Es ist wirklich ein Wunder: Der menschliche Körper ist ein Mikrokosmos, der den Makrokosmos auf allen Ebenen widerspiegelt. Je stärker du in der Liebe lebst, desto klarer wird dir diese Tatsache. Dein emotionales Bewusstsein »erinnert« sich! Unser Verstand ist nicht ausreichend in der Lage, dieses tiefe Wissen zu benennen, es zu verbalisieren. Du spürst, dass Worte nicht das treffen, was du tief in dir fühlst.

Wir können also nur sehr unzureichend über unser eigenes Bewusstsein reden. So ist es oft besser, darüber zu schweigen.

Es gibt aber eine Sprache jenseits des Redens, die dazu auch noch von jedem verstanden wird, der sich auf diese emotionale Frequenz begibt. Diese gefühlte Sprache ist die schon oft erwähnte unbedingte Liebe!

Anleitung zur Selbstmeisterung – Heilung

Eine chinesische Weisheit sagt:
»WILLST DU DAS LAND IN ORDNUNG BRINGEN, MUSST DU ERST DIE PROVINZEN IN ORDNUNG BRINGEN.

WILLST DU DIE PROVINZEN IN ORDNUNG BRINGEN, MUSST DU DIE STÄDTE IN ORDNUNG BRINGEN.

WILLST DU DIE STÄDTE IN ORDNUNG BRINGEN, MUSST DU DIE FAMILIEN IN ORDNUNG BRINGEN.

WILLST DU DIE EIGENE FAMILIE IN ORDNUNG BRINGEN, MUSST DU DICH IN ORDNUNG BRINGEN.«

In der energetischen Arbeit bewerten wir Gesundheit nicht anhand von Messdaten wie EKG, EEG, Blutwerten etc., sondern anhand des harmonischen oder disharmonischen Zustands von Körper, Geist und Seele.

Harmonie kann nicht erzwungen werden, sondern nur leicht und unbeschwert zum Ausdruck kommen. Symptome und das Erscheinungsbild des Patienten geben Hinweise auf das krank machende Verhaltensmuster. Gelingt es uns, den richtigen Impuls zu geben, wird der Patient in die Lage versetzt, dieses Muster zu verlassen und zu gesunden. Gelingt dies nicht, wird Heilung im vollkommenen Sinne nicht möglich sein.

Wie schon erwähnt, kennen die Chinesen das Wort Krankheit nicht. Sie benutzen ein Wort, das Dysbalance bedeutet. Wenn Körper, Geist und Seele in Balance bzw. in Harmonie sind, können wir von einem gesunden Zustand sprechen. Die Schulmedizin verwechselt oft das Symptom mit der Krankheit. So wird durch die Behandlung versucht, z. B. das Symptom Kopfschmerz zu beseitigen, es zu unterdrücken. Wir müssen uns aber klarmachen, dass der Kopfschmerz nur Ausdruck einer tiefer gehenden Problematik ist. Es bringt also nichts, das Symptom zu beseitigen; wir müssen seine Ursache ergründen.

Stellen wir uns einen modernen Küchenherd vor: Er besitzt Kontrolllampen, die anzeigen, wenn etwas nicht in Ordnung ist. Blinkt die Kontrolllampe auf, ist das vergleichbar mit Symptomen einer Krankheit. Die aufleuchtende Kontrolllampe macht uns aufmerksam und unterbricht unser Kochen. Dennoch hegen wir keinen Groll gegenüber der Kontrolllampe (Symptom), sondern werden einen Techniker beauftragen, auf Ursachensuche zu gehen. Wenn der Techniker nur die Kontrolllampe ausbauen würde, damit sie nicht mehr aufleuchten kann, und uns auf Nachfrage nach der Ursache mit einem Achselzucken sagen würde, dass er keine Ahnung habe, wären wir zu Recht sehr unzufrieden. In der Medizin genügt es uns aber, wenn die Kontrolllampe nicht mehr aufleuchtet, d.h., das Symptom beseitigt ist.

In gewisser Weise können wir dem Symptom aber sogar dankbar sein, denn es macht uns darauf aufmerksam, dass etwas nicht stimmt. Es weist uns auf eine Dysbalance hin, auf ein Ungleichgewicht, auf eine Unordnung in Körper, Geist und Seele.

Wenn wir den Unterschied zwischen Krankheit und Symptom erkannt haben, bekommen wir eine andere Einstellung zu uns selbst und fragen uns, was mit uns nicht stimmt, wenn es uns körperlich nicht gut geht. Was fehlt mir zur inneren Harmonie, zum inneren Gleichgewicht? Wann, auf welche Weise und wodurch bin ich ins Ungleichgewicht geraten? Und wir bemühen uns, wieder in Kontakt mit unserer inneren Stimme zu kommen, um die Antworten auf diese Fragen zu erhalten.

Wenn sich Symptome einer Krankheit zeigen, dann heißt das auch immer, dass sich die auslösende Ursache bereits stofflich manifestiert hat. Sie hat schon Materie angenommen, sie ist bereits inkarniert, d.h. übersetzt »ins Fleisch gekommen«. Dann brauchen wir oftmals eine tiefer greifende Behandlung.

Darum werde ich nachfolgend einige bewährte Möglichkeiten der Kräuterheilkunde vorstellen, um auch im grobstofflichen Bereich begleitend Heilmöglichkeiten zu zeigen. Denn ich bin der Meinung, dass wir in der

Behandlung einer Krankheit immer auch auf der Ebene ansetzen sollten, auf der sie bereits angekommen ist.

Ebenso erkläre ich noch einmal Grundbegriffe und Techniken meiner Energiemedizin, die sich bei entsprechenden Indikationen bewährt haben. Wer ausführlicher in das energetische Arbeiten einsteigen möchte, dem empfehle ich an dieser Stelle mein Buch »Geistheilung und Energiearbeit«. Aus rechtlichen Gründen muss ich meine Leser darauf hinweisen, dass meine folgenden Ausführungen im Krankheitsfall nicht den Gang zum Arzt oder Heilpraktiker ersetzen.

Hier noch einmal einige Grundlagen der Energiearbeit. Eine Voraussetzung für energetisches Arbeiten, ist ein offenes Herz. Ohne dieses können wir die kosmischen Energien nicht bündeln und in Liebeskräfte umwandeln.

HEIL(ER) SEIN BEDEUTET, EIN LIEBENDER ZU SEIN!

Nur durch Liebe geschieht Heilung, nur durch Selbstliebe geschieht Selbstheilung.

Energiearbeit, wie ich sie praktiziere und lehre, besteht darin, mithilfe der eigenen Hände universelle Lebensenergie weiterzuleiten – sowohl an andere als auch an mich selbst. Wichtig ist, dass wir lernen, wie ein »Durchlauferhitzer« zu funktionieren. Damit ist gemeint, dass wir uns zu einer Art Kanal für göttliche/ kosmische Energien machen. Stelle dir also vor jeder energetischen Arbeit vor, dass du dein Kronenchakra öffnest, die göttliche oder kosmische Energie durch dieses Chakra in dich hineinfließt und deinen ganzen Körper erfüllt und durchdringt. Wenn du dich so vorbereitest, wenn du energetisch arbeiten möchtest, greifst du nicht dein eigenes Kräftereservoir an. Indem du nun dem zu Behandelnden die Hände auflegst, werden seine Selbstheilungskräfte angeregt, und sein Organismus beginnt sich zu regenerieren.

Jeder Mensch kann lernen, für sich selbst und auch für andere Energie zu tanken, sie zu bewegen oder mit ihr besser umzugehen. Der bewusste Umgang mit den feinstofflichen Energien ist nicht einer auserwählten Minderheit vorbehalten. Wie gut wir darin werden, ist abhängig von unseren Anlagen und Gaben, aber natürlich auch vom Fleiß. Es ist zu vergleichen mit dem Klavierspielen. Jeder Mensch kann Klavier spielen lernen. Bei dem einen reicht es für den Hausgebrauch, und der andere wird Virtuose. Mit etwas Übung wird es jedoch jedem gelingen, sein eigenes, individuelles Wohlbefinden durch das bewusste Umgehen mit Energien zu verbessern.

KOPFSCHMERZEN

Worauf weist uns dieses Symptom hin? Frauen sind in der Regel häufiger betroffen als Männer. Liegt es daran, dass sie sich stärker behaupten müssen? Wenn du häufig unter Kopfschmerzen leidest, könnte es sein, dass du im Leben sehr unter Druck stehst. Überprüfe deine Empfindungen bei den Begriffen Leistungsdruck, Ehrgeiz, Perfektionismus, Grübeln, Sexualität. Wenn ein Begriff in dir widerhallt, dann stelle dich in großer Ehrlichkeit und Wahrhaftigkeit dem Thema, und beginne, deine Gefühle dazu zu harmonisieren.

Ich möchte der guten Ordnung halber noch einmal darauf hinweisen, dass Kopfschmerzen aus schulmedizinischer Sicht auch eine hirnorganische Ursache haben können. So könnte ein Hirntumor, eine Hirnentzündung oder auch eine Hirnblutung vorliegen. Ferner sollte eine Nasennebenhöhlenerkrankung oder ein erhöhter Augendruck, wie er beim Glaukom vorliegt, abgeklärt werden.

Kopfschmerzen gehen aber oft auch mit anderen Disharmonien in Körper, Geist und Seele einher. Plötzliche Kopfschmerzen werden meist von akuten äußeren Einflüssen ausgelöst. In solchen Fällen solltest du dich fragen, was gerade jetzt, aktuell, deinen Kopf beschwert. Chronische Kopfschmerzen treten eher bei inneren Dysbalancen auf. Ein starker Kopfschmerz weist dich auf ein mögliches Übermaß von etwas hin; leichtes, unterschwelliges Kopfweh erlebst du, wenn es dir an irgendetwas mangelt. Da es viele Dinge im Leben gibt, über die wir uns den Kopf zerbrechen, existieren auch viele Arten von Kopfschmerzen. Typische Auslöser sind: Infekte,

Stoffwechselstörungen, falsche Ernährung, Unfälle, ungesunde Lebensführung, Arbeitsstress, Sorgen, Kummer und ungesunde Aufregung.

Energetisch können wir das Organ Leber in vielen Fällen mit Kopfschmerzen in Verbindung bringen. Die Lebensenergie der Leber steigt oft nach oben in den Kopf. Wenn die Leber physisch oder seelisch gestaut ist, führt das unter anderem zu Symptomen wie: sehr gelber Urin, Verstopfung, sehr rote Zunge, Seitenschmerzen rechts und sehr harter Puls – in der chinesischen Medizin spricht man von einem drahtigen Puls. Diese durch Leberstau verursachten Kopfschmerzen gehen häufig mit pochenden Schläfen und Augenschmerzen einher.

Energetisch würde ich wie folgt behandeln:
1. Kronenchakra, vorderes und hinteres Stirnchakra reinigen
2. vorderes und hinteres Solarplexuschakra reinigen und energetisieren
3. Chakren ausgleichen
4. über die Füße erden

Bei dem durch die Leber verursachten Kopfschmerz haben sich Leberwickel mit Zinnkraut und Schafgarbe bewährt, die zweimal täglich zur Unterstützung des Leberflusses aufgetragen werden. Sie sollten wie folgt angesetzt werden: Eine Handvoll Zinnkraut und eine Handvoll Schafgarbe aufkochen und zehn Minuten ziehen lassen. Dann den Sud abseihen und in ein Leinentuch hineinlegen, gut auswringen und wenn möglich ein bis zwei Stunden auf die Leber legen. Den Sud kannst du zwei- bis dreimal wiederaufkochen. Auch die Einnahme von Mariendistelpräparaten unterstützt den Leberfluss.

Generell ist bei einer Neigung zu Kopfschmerzen und besonders bei Migränekopfschmerz auf die Ernährung zu achten. So sollte auf Fleisch ganz verzichtet werden, besonders aber auf Schweinefleisch. Man sollte salzarme Dinkelkost zu sich nehmen und auf Alkohol, Nikotin, Käse, Milch und Schokolade verzichten.

Ist das Kopfweh eher leicht, verbunden mit Gesichtsblässe, Müdigkeit, Antriebslosigkeit, spontanen Schweißausbrüchen und wenig Appetit, so weist das eher auf eine schwache Milzenergie hin. Die Zunge ist blass und hat meist einen weißen Belag. Energetisch ist genauso zu behandeln wie oben, jedoch mit größerer Energetisierung der Milz. Auf der stofflichen Ebene empfehle ich Lavendelblütentee und auch Lavendelbäder. Für ein Lavendelbad 70 g Lavendelblüten in einem Liter Wasser aufkochen und nach zehn Minuten abseihen. Diese Flüssigkeit dem Vollbad beimengen.

Auch der Verzehr von gerösteten Edelkastanien stärkt die Milz.

Geht der Kopfschmerz mit einem leeren Gefühl, Schwindel, Ohrensausen, Erregtheit, Wankelmütigkeit, Unsicherheit, Nervosität, Ängstlichkeit und möglicherweise noch kalten Hände und Füßen sowie aufgedunsener Haut oder Wassereinlagerungen einher, dann weist uns das auf ein energetisches Ungleichgewicht in den Nieren hin.

In diesem Fall können Sie energetisch so vorgehen:

1. Wurzelchakra reinigen
2. hinteres Nabelchakra und die Nieren reinigen
3. Nieren direkt energetisieren
4. über die Füße erden

Auf der stofflichen Ebene empfehle ich hier Bärentraubenblättertee. Dieser sollte für den Tagesbedarf wie folgt angesetzt werden: Zwei Esslöffel Bärentraubenblätter mit einem halben Liter Wasser übergießen. Dann etwa zwanzig Stunden stehen lassen und gelegentlich umrühren. Danach abseihen und leicht angewärmt, aber nicht gekocht, in drei Portionen über den Tag verteilt trinken. Dieser Tee entgiftet die Nieren und wirkt auch sehr gut bei Blasenentzündungen.

AUGEN UND OHREN

Versuche, die Probleme, die du mit deinen Augen oder Ohren hast, auf dein tägliches Leben zu übertragen. Was gibt es in deinem Leben, das du nicht sehen oder hören willst? Oder auch umgekehrt: Was willst du so oder so sehen oder hören? Und dann natürlich die Frage »Warum?«. Wovor schützen dich deine Beschwerden, oder wovon halten sie dich ab?

Einsicht ist häufig ein Augenthema, Gehorsamkeit ein Ohrenthema.

Organisch spielt auch im Bereich der Augen die Leber die größte Rolle.

Die energetische Behandlung der Augen und Ohren erfolgt wie beim Thema »Kopfschmerz«:

1. Kronenchakra, vorderes und hinteres Stirnchakra reinigen
2. vorderes und hinteres Solarplexuschakra reinigen und energetisieren
3. Chakren ausgleichen
4. über die Füße erden

Wenn Ohrensausen zusammen mit Rückenschmerzen, trockenen Augen und Schwierigkeiten beim Wasserlassen einhergeht, handelt es sich um eine Nierenenergieschwäche. Auch da verläuft die energetische Behandlung wie unter »Kopfschmerz« beschrieben:

1. Wurzelchakra reinigen
2. hinteres Nabelchakra und die Nieren reinigen
3. Nieren direkt energetisieren
4. über die Füße erden

Tinnitus ist in unserer Zeit ein häufig anzutreffendes Symptom. Unser Nervensystem, das die Brücke zwischen körperlichen und seelischen Vorgängen schlägt, ist in diesem Fall überlastet, Stichwort: Reizleitung, d.h., der Tinnitus wird durch eine »überreizte Leitung« hervorgerufen.

Über unser Nervensystem nehmen wir Schmerz, Geschmack, Temperatur, Bilder, Emotionen und eben auch Töne – innere wie äußeren – wahr! D.h., es spricht auf Reize an, die sowohl aus der Außenwelt kommen als auch aus unserer Innenwelt, z. B. aus Erinnerungen heraus.

Auf der stofflichen Ebene empfehle ich für die Augen eine Teemischung aus Augentrost und Fenchel: Zweieinhalb Esslöffel Augentrost und einen Esslöffel Fenchel zerstoßen und verrühren. Zwei Teelöffel davon mit einem Viertelliter Wasser aufgießen, fünfzehn Minuten ziehen lassen und dann abseihen. Damit dreimal täglich die Augen spülen. Einen halben Liter von diesem Tee in drei Portionen über den Tag verteilt trinken.

Augentrost in der Mischung mit Kamille wirkt als Umschlag oder Spülung sehr gut bei Bindehaut- oder Lidrandentzündung. Kamille wirkt wohltuend bei Ohrenentzündungen. Bei Ohrenschmerzen, Mittelohrentzündung, Ekzemen oder Furunkeln im Ohr empfehle ich eine Königskerzenmischung: Übergieße eine gute Handvoll Königskerzenblüten in einer Flasche oder einem Behälter aus Weißglas mit einem Liter Olivenöl in Bioqualität. Stelle das Gefäß für vier Wochen nach draußen, wo es möglichst den ganzen Tag Sonne hat. Jeden Tag einmal gut durchschütteln. Nach vier Wochen abseihen und mehrmals täglich einige Tropfen ins Ohr geben.

SCHLAFSTÖRUNGEN

Wenn du unter Einschlaf- oder Durchschlafstörungen leidest, gibt es wahrscheinlich einen großen Bezug zur Urangst aller Ängste, dem Tod. Auch Loslassen, Hingabe, Macht, Angst vor Kontrollverlust, mangelndes Urvertrauen, Kopflastigkeit und das Gefühl, unter Beobachtung zu stehen, spielen hier eine Rolle.

Bei einem unnatürlich großen Schlafbedürfnis könnte es sein, dass es eine unterbewusste Angst vor Verantwortung oder der Beschäftigung mit sich selbst gibt. Auch die Flucht in Wunschwelten geht oft mit einem erhöhten Schlafbedürfnis einher. Organisch spielt bei Schlaflosigkeit oft das Herz eine wichtige Rolle.

In der Chinesischen Medizin sagt man, dass der Geist, genannt Shen, der tagsüber außerhalb unseres Körpers seinen Geschäften nachgeht, damit wir in einen guten Schlaf kommen, sich nachts in unserem Herzen verankert und zur Ruhe bettet. Wenn dein Herz in Harmonie mit seinen Energien schwingt – oder, chinesisch gesagt, wenn Blut und Chi des Herzens sich im Gleichgewicht befinden, wird der Shen genährt, und du bekommst einen erholsamen, ruhigen Schlaf mit ausreichend Tiefschlafphasen. Befindet sich die Herzenergie aber im Ungleichgewicht, bekommst du »Shen-assoziierte« Symptome wie: Schlaflosigkeit, leichter Schlaf, exzessive Träume, Wie-gerädert-Sein beim Aufwachen, Grübeln, Vergesslichkeit, Unkonzentriertheit bis hin zu irrationalem Verhalten und Geisteskrankheit.

Damit der Geist Shen des Nachts in sein »Herzbett« zurückkehren kann, ist es wichtig, alle Elektrosmog verursachenden Dinge aus dem Schlafzimmer zu entfernen. Besonders Radiowecker mit grün- oder rot-leuchtenden Ziffern strahlen extrem und stehen ja meist direkt am Kopf. Ebenso solltest du deine Armbanduhr, sofern sie batteriebetrieben ist, in der Nacht abnehmen. Die Batterie gibt immer einen kleinen elektrischen Impuls auf den Herzmeridian. Wenn das Herz so stimuliert wird, öffnet sich das Herzenstor nicht für den Geist Shen, und er muss weiter außerhalb des Körpers bleiben, was zu genannten Symptomen führt.

Energetische Behandlung bei Schlafstörungen:

1. gesamte Aura reinigen
2. vorderes Solarplexuschakra reinigen und energetisieren
3. Kronenchakra reinigen und energetisieren
4. Handchakren reinigen und energetisieren
5. Fußchakren reinigen und energetisieren

Bei Schlafstörungen, die mit Nervosität, Erschöpfung, Nervenschwäche, mangelnder Konzentrationsfähigkeit, Sorgen oder Unruhe einhergehen, hat sich Haferstrohtee sehr bewährt. Er wirkt auch gut bei Rheuma, Gicht, sexuellen Störungen, Hautausschlägen und dient zur Herz-Kreislauf-Stärkung. Auch Hopfenblüten-, Baldrian- und Johanniskrauttee sind beliebte und hilfreiche Einschlafhilfen.

INFEKTIONEN

Bei einer Infektion handelt es sich meist um einen Konflikt, der sich im Grobstofflichen festgesetzt hat. Stelle dir die Frage, welchem Konflikt du dich nicht stellen willst. Die körpereigene Abwehr steht hier im Mittelpunkt. Unserer Abwehr steht eine große Anzahl von Mechanismen zur Verfügung, die normalerweise eine Infektion verhindern, erschweren oder auch bei erfolgter Infektion heilen.

Ein schwaches Immunsystem, hervorgerufen durch schlechte Ernährung oder spezifische Grunderkrankungen wie Krebs und besonders die damit verbundenen aggressiven Therapien, Niereninsuffizienz, Alkoholmissbrauch etc. setzen diese Abwehrmechanismen außer Kraft. Eine größere Anfälligkeit für Infektionen kann sich auch durch einen Mangel an Mineralien und Vitaminen entwickeln.

Je nachdem, wo die Infektion sich zeigt, finden wir Hinweise auf die Ursachen.

Der Kopf steht für die Ratio, die Nasengegend für etwas, wovon du die »Nase voll hast«. Auf die Augen und Ohren bin ich schon eingegangen (siehe S. 171). Der Hals steht für den Logos, das schöpferische Wort, mit dem du deine Lebensziele in die Welt bringst. So könnte es sein, dass du tolle Ideen hast, es aber immer an der Umsetzung deiner Projekte scheitert. Auch spielt in Bezug auf den Hals die Angst eine große Rolle: Die Angst schnürt uns die Kehle zu.

Die Lunge steht für das Thema Trauer. Nach der Chinesischen Medizin raubt unverarbeitete Trauer das Lungen-Chi, also die Lebenskraft der Lunge. Auch die Themen Freiheit und Ausdehnung, Begegnung und Kommunikation haben mit diesem Organ zu tun.

Das Herz steht für die Liebe, sowohl für die seelische Liebe als auch für die körperlichen Herzliebeskräfte, und für das Zusammenspiel zwischen Kopf und Gefühl.

Liebe ich mich selbst?

Bei Infektionen der Verdauungsorgane sind die Themen: Was lässt mich sauer werden, was kann ich schwer schlucken oder verdauen, was fresse ich in mich hinein? Nehme ich mehr auf mich, als ich eigentlich leisten kann?

Die Leber ist unser größtes Entgiftungsorgan. Frage dich also, was dich vergiftet. In der Leber werden unsere Emotionen gespeichert. Wut, Ärger etc. setzen sich hier gerne fest. Auch Werte und Weltanschauung spielen in Bezug auf dieses Organ eine Rolle.

In Bezug auf die Nieren geht es oft um partnerschaftliche Konflikte. Was projizierst du in deine Partnerschaft? Welche Verhaltensweisen, die du in dir nicht sehen willst, spiegelt dein Partner?

Bei Problemen mit der Blase geht es oft um Lebensthemen, die du festhältst, obwohl sie längst überholt oder hinfällig geworden sind. Diese Dinge warten darauf, endlich ausgeschieden zu werden. Wo machst du dir selbst Druck, und worauf oder auf wen projizierst du ihn? Was solltest du in deinem Leben loslassen?

Die Haut ist unser größtes Organ. Hier geht es um Grenzen. Wird deine Grenze oft überschritten, oder überschreitest du die Grenzen anderer? Grenzt du dich manchmal zu sehr ab? Gibt es in dir den unerfüllten Wunsch nach Nähe? Was glaubst du, in deinem Leben abwehren zu müssen? Was bedroht dich und deine Weltsicht oder deine scheinbare Sicherheit?

An dieser Stelle möchte ich auch sagen, dass im Bereich der Infektionen die moderne Schulmedizin beachtliche Erfolge erzielt. Mit Infektionen solltest du nicht experimentieren und auf jeden Fall den Rat eines Arztes einholen.

Auf dem energetischen Weg kannst du bei Infektionen immer alle Chakren reinigen und energetisieren. Besonders an den Fußchakren sorgt dies dafür, dass eine bessere Erdenergie aufgenommen werden kann. Die Infektion zieht die Energien vordringlich in den oberen

Körperbereich und führt im Extremfall zur »Entkörperung« über das Kronenchakra. Darum solltest du sehr an der Erdung arbeiten.

ERKRANKUNGEN DER LUNGE UND DER ATEMWEGE

Die Atmung steht thematisch für die Polaritäten Yin und Yang, Tag und Nacht, Oben und Unten ... Die Fragen lauten: Was raubt dir die Luft, was lässt du rein, was lässt du raus? Bei Atemwegserkrankungen, die mit Verengung zu tun haben, wie Asthma, wird die Ausatmung mehr behindert als die Einatmung. D.h., du lässt viel mehr rein als raus. Welche scheinbaren Sicherheiten möchtest du nicht loslassen, womit willst du keinesfalls in Kontakt kommen? Was sagen dir die Worte Dominanz und Wertschätzung? Welche Bereiche deines Lebens wehrst und wertest du ab? Manchmal wird Asthma auch durch allergische Reaktionen ausgelöst. Frage dich also auch, wogegen du symbolisch im Leben allergisch bist. Wenn der Volksmund bei Dingen, die uns gegen den Strich gehen, sagt: »Dagegen bin ich allergisch!«, liegt er mit dieser Formulierung absolut richtig.

Energetisch können wir sagen, dass unverarbeitete Trauer extrem schwächend auf die Lungenenergie wirkt. Also auch da die Frage: Wo habe ich Trauer nicht zugelassen oder nicht verarbeitet?

Die Chinesische Medizin erklärt: Der Magen spaltet die Energie aus der Nahrung auf. Er trennt das trübe Chi von reinem Chi. Das trübe scheidet er über Harn, Kot, Schweiß aus, das reine führt er hoch zur Lunge. Die Lunge selbst nimmt ihr Chi aus der Luft auf. Wenn Lun-gen-Chi und reines Magen-Chi sich nun verbinden, entsteht Zhong-Chi. Zhong-Chi ist die erste für den Körper verstoffwechselbare Form von Lebensenergie.

Darum ist es natürlich sehr wichtig, dass du darauf achtest, gute Nahrung und gute Luft zu dir zu nehmen. Die Lunge ist das Organ, das am leichtesten von außen angegriffen werden kann. Die Lunge reguliert gewissermaßen die gesamte Lebensenergie des Körpers. Sie ist das Organ, das die äußere Welt mit deinem Inneren verbindet. Hier treffen Mikro- und Makrokosmos zusammen.

Mit der Einatmung führt die Lunge die frische Lebensenergie ins Innere und versorgt damit sämtliche Organe. Beim Ausatmen führt die Lunge verbrauchte und belastete Energie wieder nach außen. Eine gesunde Lunge lässt die Energien gleichmäßig ein- und ausströmen, sodass du eine ruhige, gleichmäßige Atmung hast. Ist die Lunge nicht in Ordnung und damit im Ungleichgewicht, führt dies zu Symptomen wie Atembeschwerden, Hustenreiz, asthmatische Beschwerden bis hin zu einem Pneumothorax, d.h. einem angeschwollenen Brustkorb, oder gar einem Tumor.

Die Lunge ist energetisch sehr wichtig für den Wasserhaushalt. Beim Einatmen wird durch die Abwärtsbewegung das Körperwasser in die Nieren geleitet, beim Ausatmen verbreitet es sich energetisch im ganzen Körper, es fließt vor allem in die Haut und deren Poren.

Neben der Lunge spielen auch die Nieren bei Atembeschwerden und besonders beim Bronchialasthma eine große Rolle. Nierendisharmonien haben meist mit dem Thema Mangel zu tun. Die Chinesen sagen: Die Unfähigkeit der Nieren, das Chi zu ergreifen (also Lebensenergie zu speichern), kann zu Herzinsuffizienz, chronischem Asthma oder einem Lungenemphysem führen. Wie zuvor schon beschrieben, geht es hier oft um Partnerschaftsprobleme. Wenn die Beschwerden im Kindesalter auftreten, kann die Ursache auch in der Partnerschaft der Eltern oder in der Beziehung des Kindes zu den Eltern zu finden sein.

Energetisch würde ich bei Atembeschwerden wie folgt behandeln:

1. die gesamte Aura gründlich reinigen
2. nochmals speziell die Lunge von vorne und von hinten reinigen
3. die Lunge vom Rücken her energetisieren und sich dabei vorstellen, dass jede Zelle der Lunge sich mit guter, frischer Energie füllt
4. vorderes Solarplexuschakra energetisieren
5. vorderes und hinteres Nabelchakra energetisieren
6. Nieren energetisieren
7. Handchakren energetisieren
8. Fußchakren energetisieren

Bei Asthma ist es noch wichtig, einige andere Punkte mitzubehandeln:

1. die gesamte Aura gründlich reinigen
2. Kehlkopfchakra reinigen und energetisieren
3. Lunge von vorne und von hinten energetisieren
4. vorderes und hinteres Solarplexuschakra energetisieren
5. Stirn- und Wurzelchakra reinigen und energetisieren
6. Wirbelsäule reinigen und energetisieren, sich dabei vorstellen, dass die Energie tief in die Knochen einfließt
7. Achselhöhlen energetisieren und sich dabei vorstellen, dass die Energie in die Schulterblätter und tief in die Armknochen fließt. Das Energetisieren im Knochen sorgt dafür, dass die Qualität der Blutbildung verbessert wird.
8. Hüftknochen energetisieren
9. Fußchakren energetisieren und sich dabei vorstellen, dass die Energie durch die Beinknochen fließt

Diese Behandlung sollte zwei- bis dreimal in der Woche durchgeführt werden. Die Symptomatik sollte sich nach kurzer Zeit verbessern und, wenn die tieferen Ursachen bearbeitet wurden, ganz verschwinden.

ALLERGIEN

Allergien sind ein spannendes Thema. Hier solltest du dich fragen, wovor du am meisten Angst hast. Wie stehst du zu deiner Sexualität? Schaffst du dir durch die Allergie Vorteile (alle müssen auf deine Allergie Rücksicht nehmen, du bekommst Aufmerksamkeit und Zuwendung etc.)? Lebst du deine Aggressionen? Wogegen oder gegen wen bist du allergisch? Bist du fähig, Liebe zu geben und diese auch zuzulassen?

AUTOIMMUNKRANKHEITEN

Autoimmunkrankheiten und sämtliche Krankheiten des rheumatischen Formenkreises sind heutzutage eine häufige Diagnose. Ein fehlgeleiteter Impuls im Organismus kann dafür sorgen, dass der Körper sich gegen sich selbst richtet. Hier lautet die Frage: In welchem Bereich meines Daseins lebe ich etwas aus, was meiner innersten Natur eigentlich zuwider ist?

Die Ursachen für Allergien und Autoimmunkrankheiten sind so komplex und bedürfen einer solch gründlichen Anamnese sowie eines darauf aufbauenden individuellen Behandlungsplans, dass ich an dieser Stelle keine Ratschläge zur energetischen oder grobstofflichen Behandlung geben kann.

Generell lässt sich sagen, dass diese Krankheiten aufgrund zunehmender Umweltbelastungen auf dem Vormarsch sind, aber auch wegen gesellschaftlicher Veränderungen, die bei vielen zu einer emotionalen Unsicherheit und großen inneren Einsamkeit führen. Impfstoffe und Vererbung spielen ebenfalls eine Rolle.

KREBS

Krebs ist das in meiner Praxis am häufigsten vertretene Krankheitsbild. Was steckt dahinter? Wenn der Krebs eine Botschaft für den Patienten hat, dann wohl diese: »Du bist jetzt gezwungen, dich einmal um dich selbst zu kümmern!«

Ich stelle fest, dass es sich bei Krebspatienten oft um Menschen handelt, die immer darum bemüht waren, dass es anderen gut ging. Diese Menschen haben ihre Bedürfnisse hintangestellt und für sich selbst kaum Raum gelassen. Ihre Träume haben sie irgendwann im Leben begraben und sich einer anderen Sache verschrieben. Wenn das mit Freude und Erfolg einherging, haben sie vielleicht gar nicht bemerkt, dass ihnen etwas fehlte, und waren oberflächlich betrachtet vielleicht sogar glücklich. So sind möglicherweise eigene kreative Anlagen oder Vorlieben, Bedürfnisse und Talente weit in den Hintergrund getreten. Meistens sind dann im Laufe des Lebens irgendwann Warnsignale des Unterbewusstseins wie Infektanfälligkeiten, Migräne, Magenprobleme oder was auch immer aufgetreten, die auf einen geistig-seelischen Missstand aufmerksam machen wollten. Mit wirksamen Medikamenten oder Ähnlichem wurden die gesundheitlichen Probleme jedoch erst einmal behoben, und man konnte so weitermachen wie bisher – bis das Universum sich gezwungen sah, »härtere Geschütze« aufzufahren, im Extremfall einen Tumor, um die Person aufzurütteln.

Wissenschaftliche Untersuchungen belegen, dass sich bei jedem gesunden Menschen statistisch täglich etwa acht Ansammlungen tumoröser Art im Körper bilden.

Normalerweise erkennt das unser Immunsystem und löst unglaublich effiziente Abwehrmechanismen aus, die diese Ansammlungen sofort eliminieren. Wenn sich aber ein Tumor weiter manifestieren konnte, dann deshalb, weil das Immunsystem aufgrund von physischer und/oder psychischer Schwäche unaufmerksam geworden war und ihn nicht mehr als körperfremd erkennen konnte.

Daher ist es wichtig, das Immunsystem zu stärken und darauf aufmerksam zu werden, wenn im Körper etwas falsch läuft. Wenn die Medizin nun das Heil darin sieht, den gesamten Organismus zu schwächen, wie es beispielsweise in der Chemotherapie der Fall ist, dann widerspricht das sehr meiner Auffassung von Heilung.

Durch die von mir praktizierte energetische Behandlung scheint es zu gelingen, die entarteten Zellen wieder ihrer Bestimmung, der sogenannten Apoptose, also dem programmierten Zelltod, zuzuführen. Das gestärkte Immunsystem erkennt nun die Dysbalance und arbeitet wieder gegen den Tumor. Diese Behandlungsmethode ist Hilfe zur Selbsthilfe.

Ich schaffe lediglich die energetische Vorraussetzung dafür, dass alle Regenerationskräfte des Patienten optimal arbeiten können. Der Patient heilt sich aus sich selbst heraus! Ich bin nur der Impulsgeber.

An dieser Stelle sei nochmals ausdrücklich gesagt, dass es immer wieder auch Patienten gibt, bei denen meine Behandlung nicht wirkt. Die Erfolgsquote liegt jedoch so hoch, dass niemand ernsthaft von Zufall sprechen kann.

Was kannst du über deine Ernährung tun? Auf raffinierten Zucker (Zucker ist eine Tumornahrung) und Schweinefleisch solltest du komplett verzichten. Deine Nahrung sollte den Richtlinien einer vollwertigen Ernährung entsprechen und noch nachfolgende Vitalstoffe und Lebensmittel in größeren Mengen enthalten:

Vitamin A/Carotin:
z. B. in grünen Pflanzen, Karotten, Spinat
Vitamin C:
z. B. in Zitronen, Orangen, Hagebutten, Petersilie, Paprikaschoten, Sanddorn, schwarzer Johannisbeere
Vitamin E:
z. B. in Weizenkeimen, Getreidekeimölen, Eigelb
Magnesium:
z. B. in Dinkel, Roggen, Weizen, Gerste, Mais, Gurken, Spinat, Kopfsalat, Kartoffeln, Grünkohl
Zink:
z. B. in Kakao, Milch, Getreideprodukten

Selen ist durch die mangelhafte Bodenbeschaffenheit heutzutage in der Nahrung meist nicht mehr in ausreichender Weise vorhanden. Es sollte daher in organisch gebundener Form in einer Dosierung von 50 Mikrogramm der Nahrung zugesetzt werden.

Weitere wichtige Nahrungsbestandteile sind Pflanzen mit rotem Farbstoff wie z. B. Rote Beete, Schwarze Johannisbeere, blaue Weintrauben und Himbeeren.

Energetisch ist die gezielte Behandlung von Tumoren nicht ganz einfach und sollte nur von sehr geübten Behandlern durchgeführt

werden. Ich werde darum an dieser Stelle dazu keine weiteren Ausführungen machen.

Allgemein kann ich nur die Empfehlung geben, sich bei der Behandlung von Krebspatienten nicht auf das Tumorgeschehen zu fixieren, sondern dem Behandelten einfach liebevolle Energie zuzuführen. Dabei kann kein Schaden angerichtet werden.

1. gesamte Aura gründlich reinigen
2. Chakren ausgleichen
3. von Kopf bis Fuß mit liebevollen Gedanken Energie fließen lassen

So ausgerichtet, wird sich die positive Energie, die übertragen wurde, mit den positiven, aufbauenden und heilenden Kräften im Körper verbinden.

Hier noch einmal zusammenfassend einige Vorschläge zur Therapie von Krebs:

1. Enzyme: Rechtsregulat, Wobe-Mugos oder Wobenzym; bei Wobenzym 10 Tabletten vor dem Schlafengehen einnehmen und möglichst lange vor der Einnahme nichts mehr essen (Enzyme entarten die Krebszellen und ermöglichen dem Immunsystem, die Krebszellen als solche zu erkennen und zu zerstören)
2. Thymustherapie (stärkt die Abwehrzellen)
3. Vitamin C, 4000 mg täglich, oder alternativ zwei bis drei Mal wöchentlich Infusionen mit 7,5 g
4. Vitamin E 500 (internationale Einheit) täglich
5. Vitamin D3 20000 (Dekristol) (internationale Einheit ein Mal wöchentlich
6. Zink/Selen/Magnesium als Komplexmittel
7. Vitamin B 17 (bittere Aprikosenkerne); mit 5 Kernen beginnen und dann pro Tag um 2 Kerne erhöhen bis zu maximal 60 Kernen täglich. (B 17 greift die Tumorzellen an und vernichtet sie.)
8. Ernährung: mindestens drei Wochen keine tierische Nahrung, dann zwei Mal pro Woche Fisch
9. energetische Behandlungen alle zwei bis vier Wochen

LEBENSGESTALTUNG

DEN ALLTAG BEWÄLTIGEN

Wie schon mehrmals beschrieben, wird dein Leben stark durch emotionale Blockaden beeinflusst. Zudem ist dein Alltag vielleicht hektisch und vollgepackt mit Aktivitäten. In unserer heutigen Zeit fordert die Gesellschaft vom Einzelnen ein immer höheres Maß an Leistungsfähigkeit. Das bringt uns oft an die Grenzen der Belastbarkeit.

Ob und inwieweit wir den Alltag und unsere Arbeit als Stress empfinden, hängt jedoch ganz von der betreffenden Person ab. Was für den einen krank machender Stress ist, bedeutet für den anderen wohltuende Herausforderung und Bereicherung seines Lebens. So erkennen wir, dass es DEN STRESS so nicht gibt.

Dein Beruf sollte eigentlich eine Form von gesundem Stress darstellen, dich ernähren und deshalb etwas Schönes und Gutes sein. Die meisten Menschen schätzen ihren Beruf aber erst, wenn sie arbeitslos geworden sind. Natürlich gibt es auch Arbeitsbereiche, die so strukturiert sind, dass sie den menschlichen Lebensrhythmen widersprechen oder Dinge von uns fordern, die wir nur sehr schwer oder gar nicht leisten können. Wenn das definitiv so ist, dann solltest du den Arbeitsplatz wechseln.

Manchmal ist es jedoch nur die falsche Einstellung zur Arbeit, die dir das Gefühl der Überforderung gibt. Versuche, deine Arbeit mit Liebe zu durchdringen und sie nicht als Zwang und Einengung anzusehen, sondern als eine Tätigkeit, die wertvoll ist, weil sie dich ernährt.

Ein und derselbe Arbeitsplatz kann von einer Person als krank machend und negativ empfunden werden, von einer anderen Person als positiv und beglückend. Ein wesentlicher Punkt, wenn es um die Zufriedenheit im Berufsleben geht, ist der, dass wir einen Sinn in unserer Arbeit finden und das Gefühl haben, erfolgreich in ihr zu sein. Das Gefühl von Sinnlosigkeit schafft Frustrationen und löst krank machende Gefühle aus.

Die Erkenntnis, dass Stress individuell empfunden wird, weist uns darauf hin, dass die Persönlichkeitsstruktur der jeweiligen Person dafür verantwortlich sein muss, warum sie sich von diesem oder jenem gestresst fühlt. Was ist die tiefere Ursache? Erkennen wir die alten Muster, die sie mit dem Stress emotional verbindet, können wir an diesen arbeiten. Wir sollten dann die alten Muster, die mit negativen Gefühlen besetzt sind, in neue Muster, die mit positiven Gefühlen besetzt sind, wandeln.

Deine Gefühle scheinen dich manchmal schier mitzureißen, und du glaubst, ihnen ausgeliefert zu sein. Es reicht jedoch oft schon eine andere Sichtweise oder Bewertung der Situation, damit es dir besser geht. Die eigene Einschätzung deiner Möglichkeiten und deines Typs spielen eine große Rolle für die Zufriedenheit. Du solltest dich fragen: Bin ich hier am richtigen Platz?

Bin ich ein Typ, der immer etwas zu tun haben muss, um sich wertvoll zu fühlen? Diese Menschen neigen dazu, sich permanent selbst zu überfordern. Nichtstun erscheint ihnen als sinnlose Zeitvergeudung. Fällt die Anforderung von außen dann irgendwann weg, z. B. durch den Abschied aus dem Berufsleben, fallen viele in ein seelisches Loch. Dies kann zu den unterschiedlichsten Symptomen führen, von Kreislaufstörungen bis hin zum Herzinfarkt oder Depressionen.

Oder bin ich eher der Typ, der den ruhigen, geordneten Arbeitsablauf braucht, am besten ohne dabei große Verantwortung tragen zu müssen? Dieser Typ wird bei erhöhten Anforderungen sofort unter Druck geraten und an negativem Stress leiden, der ihn über kurz oder lang krank macht.

Wenn du dich in dem einen oder in dem anderen Typ wiederfindest, stehe dazu, und schaffe dir das Umfeld, das du brauchst. Ehrlichkeit deinen Gefühlen gegenüber ist hier oberstes Gebot.

Ungesunder Stress hat eine ganz eigene, krank machende Dynamik. Du solltest auf die folgenden Anzeichen achten, sonst bist du schneller, als dir lieb ist, von Burn-out betroffen:

1. Stress auf der Arbeit wird als unangenehm empfunden und
   fordert dich über deine Möglichkeiten hinaus.

2. Dadurch vernachlässigst du dein Privatleben, deine Familie und deine Freunde. Die Harmonie weicht, dein Gefühlsleben wandelt sich, und es kommt immer öfter zu Streit.

3. Du suchst nach Ersatzbefriedigungen im Essen, Alkohol, Rauchen. Durch ständige Unzufriedenheit wirst du unkonzentrierter, und es kommt leichter zu Unfällen oder anderen physischen Verletzungen.

4. Der Körper will jetzt diesen Stress nicht mehr kompensieren und bildet Symptome wie z. B. ein Magengeschwür etc. Wenn du jetzt nicht reagierst oder nur das Magengeschwür behandeln lässt, ohne nach der Ursache zu forschen, dann wird dein Körper härtere Maßnahmen einleiten, und dies kann bis hin zu einem Tumor oder einer anderen lebensbedrohlichen Krankheit führen.

Achte also darauf, deine Lebensweise deinen Bedürfnissen anzupassen, sodass du weder über- noch unterfordert bist.

Den eigenen Wert fühlen (aus »Geistheilung und Energiearbeit«)

Setze oder lege dich bequem hin. Schließe die Augen, und achte auf deinen Atem. Lasse ihn ruhig fließen. Gib dir selbst folgende Suggestion:

Ich bin in meinem Inneren ganz ruhig … Ich empfinde Harmonie und fühle mich wohl …

Der Blick meiner Augen ist stark und gesund, und meine Reaktionen sind schnell und sicher … Meine Zellen sind durchströmt von der universellen Lebensenergie und der Kraft meines Unterbewusstseins …

Ich bin stark und gesund, ich fühle mich in meinem Beruf und in meinem Privatleben wohl … Ich kann mich immer und jederzeit auf mich verlassen … Ich ruhe sicher und geborgen im Hier und Jetzt sowie in der Gemeinschaft mit meiner Umwelt … Ich bin ein wertvolles und wichtiges Mitglied in der großen, allumfassenden Gemeinschaft!

POSITIVE GEISTIGE AUSRICHTUNG

Was immer du denkst und tust, hat Wirkungen im Außen, denn der Geist formt die Materie.

Wenn du nun eine Sache beginnst und denkst: »Das klappt sowieso nicht«, kannst du davon ausgehen, dass es nicht funktionieren wird, denn du hast es ja von vornherein so festgelegt. Wenn du aber eine Sache beginnst, ganz dahinterstehst und keinerlei Zweifel am Erfolg hast, dann wirst du sehen, wie sich nach dem Gesetz der Anziehung die Dinge entsprechend deinen positiven Gedanken entwickeln werden. Voraussetzung hierfür ist dein Glaube an dich selbst. Überprüfe also nicht nur dein Handeln, sondern auch deine Gedanken.

Jeder von uns hat schon einmal Erfahrungen gemacht, die durch die Kraft des Unterbewusstseins beeinflusst waren, oft negativer Art.

In der Erkältungszeit warst du vielleicht sehr mit dem Gedanken beschäftigt, dich nicht anzustecken, hast dir ausgemalt, wie schlimm es jetzt wäre, krank zu werden. Und was passiert? Prompt bekommst du eine Grippe! Was steckt hinter diesem Phänomen? Wenn ich sage: »Ich will nicht krank werden«, reagiert das Unterbewusstsein nur auf das Wort »Krankheit«. Warum? Weil wir unsere Aufmerksamkeit auf Krankheit ausrichten! Unsere Aufmerksamkeit aber ist unser Instrument, das die Dinge im Unterbewusstsein zuordnet und speichert. Entsprechend wird dein »Wunsch« nach Krankheit also erfüllt.

Um dich vor einer Erkältung zu schützen, solltest du stattdessen z. B. sagen: »Ich bin kräftig und strotze vor Gesundheit!«

Befasst du dich also mit Dingen, die du nicht willst, gibst du ihnen Energie, und sie werden größer. Befasse dich folglich nur mit den Dingen, die du wirklich willst! So werden sie wachsen, und zwar in Dimensionen, die du durch dein Denken bestimmst. Doch das Denken allein genügt nicht. Das, was du denkst, sollte auch Ausdruck in deinem Gefühl finden, um sich zu verwirklichen – damit du entsprechend handelst!

NUR WENN DEINE GEDANKEN DURCH DEINE GEFÜHLE, DEINE EMPFINDUNGEN UNTERSTÜTZT UND GETRAGEN WERDEN,
BRINGEN SIE SUBSTANZ IN DEIN LEBEN.

Deine im Leben mühevoll erlangten Erkenntnisse sollten nicht in deinem Kopf hängen bleiben und dort konserviert werden, sondern dürfen über das Gefühl den Zugang zum ganzen Körper finden. Es darf nicht heißen: Geist gegen Seele, Kopf oder Herz, Intellekt gegen Gemüt, sondern: Geist und Seele, Kopf und Herz, Intellekt und Gemüt!

Gefühle sind in unserem Alltag meist nicht sehr gefragt. Für unsere Gesundheit sind sie jedoch von größter Bedeutung. Bei negativen Gefühlen wie Wut, Angst, Frustration, Depression etc. ist die krank machende Wirkung sehr extrem und als Blockade im Heilungsprozess zu sehen. Alle belastenden Gefühlszustände erhöhen das Risiko, zu erkranken.

So ist bekannt, dass Menschen, die schnell wütend werden, feindselig, ängstlich oder im Allgemeinen sehr angespannt und eher auf das Negative ausgerichtet sind, ein vielfach höheres Risiko haben, an Kopfschmerzen, Asthma, Magenleiden und Herzbeschwerden zu erkranken als Menschen, die eher ausgeglichen und auf das Gute ausgerichtet sind.

Alles, was auf uns einschwingt, hat entweder abbauende oder aufbauende Kräfte. Dies ist sehr wichtig zu bedenken, wenn wir einmal schauen, was täglich auf uns einwirkt.

Wie fängt dein Tag morgens an? Möglicherweise so: Der Wecker reißt dich aus dem Schlaf. Mit bleischweren Gliedern steigst du aus dem Bett, schleppst dich ins Bad, wo dich im Spiegel ein fremdes, zerknautschtes Gesicht ansieht … Wehe, wenn dich jetzt jemand anspricht!

Das Ergebnis bis jetzt: Du hast nur die abbauenden Kräfte in dir genährt. Und so geht es vermutlich den ganzen Tag weiter.

In der Küche herrscht allgemeine Hektik. Der eine muss zur Schule, der andere zur Arbeit. Schnell noch den Kaffee hinunterstürzen – und los geht's ... schnell zum Bus ... zu spät, Mist!

Am Abend kommst du kaputt nach Hause, schlingst noch irgendein Fertiggericht, das du in der Mikrowelle aufgewärmt hast, herunter, dann Füße hoch und Fernseher an. Hier erwartet dich ein wahres Fest der Negativität. Allein die Nachrichten reichen aus, dir Albträume zu bescheren. Und die Nachrichten musst du natürlich öfter sehen. Es könnte ja sein, dass gerade, während du dir einen Thriller, Horror- oder irgendeinen knallharten Actionfilm ansiehst, wieder etwas Schreckliches in der Welt passiert ist! Also geht's von der Tagesschau auf das heute-journal, dann noch die Tagesthemen, Nachtjournal und ein besonderer Tipp: NTV, BBC etc. Hier gibt es Schreckensmeldungen in Echtzeit. Vor dem Schlafengehen liest du dir zu guter Letzt noch ein paar Seiten des neuesten, so herrlich grausamen und blutrünstigen Krimis. Na dann: Gute Nacht, und träume recht schön.

In meinen Ausführungen habe ich noch nicht den täglichen Ärger in der Schule oder im Beruf berücksichtigt. Auch nicht die Seelenverletzungen, die uns durch andere bewusst oder unbewusst zugefügt wurden.

Noch einmal:

> ALLES, WAS AUF UNS EINSCHWINGT, NÄHRT ABBAUENDE ODER AUFBAUENDE KRÄFTE IN UNS.

Aber nicht nur das, was auf uns einschwingt, wirkt sich entweder ab- oder aufbauend aus, sondern eben auch unser eigenes Denken und Handeln.

> BEGINNEN WIR DEN TAG ALSO NICHT MIT DRUCK UND HETZE, SONDERN MIT EINEM LÄCHELN!

LÄCHELN

Nimm dir wirklich die Zeit, in Ruhe aufzuwachen, alle Glieder zu strecken, Gott für diesen neuen Tag zu danken und zu lächeln. Lächle wirklich ganz bewusst und vielleicht sogar etwas übertrieben. Du wirst sehen: Nach kurzer Zeit stellt sich wirklich ein Glücksgefühl ein. Begegne allem an diesem neuen Tag, der der schönste in deinem Leben werden kann, mit einem Lächeln. Ich verspreche dir, dass du viel Lächeln zurückbekommen wirst. Damit nährst du die aufbauenden Kräfte in dir.

Lächeln für die Harmonie von Verstand und Gefühl

1. Nimm eine bequeme Haltung ein, und lächle.

2. Stelle dir nun vor, dass sich dein Lächeln im ganzen Kopf ausbreitet.

3. Fühle, wie dein Lächeln durch den Hals in deinen Brustkorb fließt.

4. Fühle, wie dein Lächeln durch deinen Bauch fließt.

5. Fühle, wie dein Lächeln sich in deinem Unterleib ausbreitet.

6. Fühle, wie dein Lächeln durch deine Oberschenkel und Waden strömt.

7. Fühle, wie sich dein Lächeln bis in deine Füße ausbreitet.

8. Stelle dir vor, dass dein Lächeln sich tief in die Erde hinein ausbreitet und du den ganzen Erdball mit deinem Lächeln füllst.

9. Stelle dir nun vor, dass du dein Lächeln über deinen Kopf hinaus bis weit in den Kosmos ausbreitest.

10. Nun führe dein Lächeln in dein Herzchakra, und stelle dir vor, dass du zukünftig allem mit diesem Lächeln, das aus deinem Herzen kommt, begegnen wirst.

Und denke daran:
Als du geboren wurdest, hat Gott gelächelt!

Ein Lächeln kostet dich nichts, es bewirkt aber sehr viel! Es bereichert jene, denen du es schenkst. Die Erinnerung an ein Lächeln kann dir den Tag retten, manchmal sogar ewig im Gedächtnis bleiben! Niemand ist so reich oder so arm, dass er es nicht gebrauchen könnte oder dass es ihm nicht mehr helfen könnte. Ein ehrlich empfundenes Lächeln kannst du nicht kaufen, nicht leihen, nicht stehlen und nicht erzwingen. Es erlangt seinen Wert erst in dem Moment, in dem es gegeben wird. Wenn du also einer Person begegnest, die dein Lächeln nicht erwidert, dann schenke ihr deines erst recht. Denn niemand braucht das Lächeln dringender als der, der dem anderen keines geben kann!

In unserem Bemühen um eine grundsätzlich positivere Einstellung zum Leben und zu den Menschen gehört natürlich auch, dass wir lernen, die anderen, anstatt sie zu kritisieren, freundlich anzusehen.

Positive Eigenschaften erkennen

Wenn du diese Übung mit einer anderen Person machst, werde dir der positiven Eigenschaften dieser Person bewusst. Was fällt dir ein, was sie oder er gut macht, gut kann etc.? Achte auf alle Dinge, die dir positiv an dem anderen auffallen. Vielleicht möchtest du dieser Person ein Geschenk machen, dann frage sie, ob du sie beschenken darfst.

Schaue dir deinen Partner dann an, und erzähle einfach, was dir in diesem Moment alles an Positivem an ihm oder ihr auffällt. Was nimmst du wahr? Was strahlt diese Person vielleicht für dich aus? Danach könntet ihr das Ganze einfach umkehren, und du kannst dich von dem anderen beschenken lassen. Es ist aber auch möglich, dass du diese Übung alleine durchführst. Schaue dich einfach selbst an, und betrachte deine positiven Eigenschaften wie ein guter, wohlwollender Freund.

Wenn du diese Übung mit jemandem zusammen gemacht hast, wird die andere Person schon in dem Moment, in dem du dir der positiven Eigenschaften der Person bewusst geworden bist, diese positive Energie in sich spüren können, da du ihre guten Eigenschaften durch deine Ausrichtung erhöhst. Nimm auch wahr, was sich verändert hat, wenn du diese Person das nächste Mal triffst.

Ein wunderbares Erlebnis ist es auch, wenn du dir vorstellst, dass du diese Übung mit einer Person machst, mit der du nicht so gut zurechtkommst oder mit der es einen Konflikt gibt. Dann spüre nach, wie es sich anfühlt, positiv über jemanden zu sprechen bzw. das Positive an einem anderen Menschen wahrzunehmen, den du im Grunde nicht magst. Was verändert sich dann?

Diese Übung eignet sich auch sehr gut als kleines Abendritual:
Schaue dir den Tag noch einmal an, und schreibe alle guten Eigenschaften, die dir heute an dir aufgefallen sind, auf ein Blatt Papier, und sage zum Abschluss einen Spruch wie: »Ich bin glücklich und dankbar, dass mich das Leben mit … (Eigenschaft), … (Eigenschaft) und … (Eigenschaft) beschenkt hat.«

Das Geheimnis eines balancierten Lebens liegt darin, die aufbauenden Emotionen in uns zu wecken. Wenn es dir gelingt, deine positiven Gefühle zum Wegweiser deines Lebens zu machen, bist du in der Lage, dein Leben nach deinen Wünschen selbst zu gestalten.

WÜNSCHE WERDEN WAHR

IN DER BIBEL LESEN WIR BEI MARKUS 11,24: »BEI ALLEM, UM WAS IHR BETET UND FLEHT, GLAUBET, DASS IHR EMPFANGEN HABT, UND ES WIRD EUCH ZUTEIL WERDEN.«

Dieses Zitat weist uns darauf hin, dass wir uns beim Wünschen so fühlen sollten, als hätte sich der Wunsch bereits erfüllt. Du solltest also nicht bei der Hoffnung auf Erfüllung deines Wunsches stehen bleiben, sondern weitergehen zu dem Gefühl, das du empfinden würdest, wenn er wahr geworden wäre, z. B. Freude und Genugtuung. Spüre, wie gut es sich anfühlt! So erschaffst du die Plattform, auf der sich dein Wunsch nur noch zu manifestieren braucht. Das Gesetz der Anziehung besagt, dass du das anziehst, was in deinem Denken Resonanz findet. Zweifelst du, dass dein Wunsch in Erfüllung geht, so kann es passieren, dass er sich tatsächlich nicht erfüllt. Du hast diese Möglichkeit ja in Betracht gezogen.

Wenn du deinen Wunsch aber ohne Zweifel, eben als schon real und ohne Chance auf Ablehnung, ins Universum sendest, dann sorgt das Gesetz der Anziehung dafür, dass er erfüllt wird. Verliere also keinen Gedanken daran, dass etwas, von dem du spürst, dass es gut für dich wäre, nicht in Erfüllung gehen könnte. Gib deinen Wünschen nur positive Energie!

Wichtig ist, dass du deine Träume zwischendurch auch immer einmal wieder loslässt. Es lässt sich nichts erzwingen! Manchmal ist die Zeit noch nicht reif für ihre Verwirklichung, oder es stellt sich später heraus, dass es die falschen waren und dass du dich in eine Vorstellung darüber, wie das Leben für dich aussehen sollte, verrannt hattest. (Wer tiefer in die Visualisierungsarbeit einsteigen möchte, dem kann ich mein Buch »Geistheilung und Energiearbeit« empfehlen.)

Unsere Erziehung war meist darauf ausgerichtet, auch das Negative hinter den Dingen zu sehen, nach dem Motto: »Schuster, bleib bei deinen Leisten«, »Wer hoch steigt, kann tief fallen« oder »Pass auf, wenn jemand zu nett zu dir ist, führt er sicher etwas Böses im Schilde«. Solche Aussprüche kenne ich selbst aus meiner Kindheit leider nur zu gut. Ich erlebe täglich, dass Patienten, die einen Therapieerfolg mithilfe der energetischen Arbeit erreicht haben, der schulmedizinisch bewiesen wurde, gesagt bekommen: »Warten Sie nur ab, das wird wieder schlechter!«

Für mich ist das Körperverletzung, und wenn die Patienten sich von solchen Suggestionen nicht lösen können, hat dies manchmal sogar den Tod zur Folge. Die negativen Gefühle können nur dann unser Leben bestimmen, wenn wir ihnen das Feld gedankenlos überlassen.

Eine positive geistige Ausrichtung bedeutet auch immer eine intelligente emotionale Ausrichtung. Sie bringt uns in eine positive Schwingung, die sich aufbauend auf uns selbst, unsere Familie, unsere Freunde und Kollegen sowie auf unser gesamtes Umfeld auswirkt. In unserer Konzentration auf das Gute und Schöne im Leben sollten wir das Negative allerdings nicht verdrängen, denn Verdrängung verursacht immer ein Aufstauen von Emotionen und damit Blockaden.

In unserer gegenwärtigen Zeit, in der wir ständig auf grausame Weise mit dem Kampf der verschiedenen Weltanschauungen konfrontiert werden, ist es wichtiger denn je, Grenzen zu überwinden und Brücken zu bauen. Nur wenn wir den täglichen Anforderungen mit unbedingter Liebe begegnen, nur wenn wir erkennen, dass alles, was ist, aus einer einzigen Quelle entstanden ist, können Licht, Friede und liebendes Miteinander die Zukunft unserer Erde bestimmen.

DIE KRAFT DER IMAGINATION

Imaginieren bedeutet das Einblenden innerer Bilder, die Aktivierung unserer Fantasie, die Fähigkeit, sich etwas bildlich vorzustellen. Diese Vorstellungen sollten, wenn sie etwas bewirken sollen, mit der Empfindung des dazugehörigen Gefühls verbunden sein.

Imagination und Imaginationsverfahren sind schon seit Jahrhunderten in vielen Kulturen bekannt. Bei verschiedenen Entspannungsverfahren nutzt man die Imagination zur Vertiefung der Entspannung und Erholung.

Auch in der modernen Psychotherapie benutzt man die heilende Kraft der Imagination. Durch das Erleben von zum Teil durch Assoziation hervorgerufenen inneren Bilder werden innerseelische Prozesse in Gang gesetzt, die bewirken, dass abgespaltene oder verdrängte psychische Persönlichkeitsanteile ins Bewusstsein integriert werden und alte seelische Verletzungen heilen können.

Ich erlebe in der Praxis schwer traumatisierte Menschen, die mir berichten, dass sie schlimme Zeiten in ihrem Leben, z. B. in der Kindheit, nur überstehen konnten, weil sie sich in eine heile, sichere Fantasiewelt dachten und innere Helfer und Spielkameraden erfanden.

Ebenso wie negative Bilder die Macht haben, uns in Angst und Verzweiflung zu stürzen und krank zu machen, haben positive Bilder umgekehrt die Macht, uns zu befreien und gesunden zu lassen. Sie wirken so oder so auf unsere Zellen ein und formen und bilden sie entsprechend unseren Vorstellungen.

DER GEIST FORMT DIE MATERIE!

Die Hirnforschung hat bewiesen, dass das Gehirn sich je nach Art und Intensität seiner Nutzung verändert bzw. neu vernetzt. Es konnte gezeigt werden, dass es fast gleichgültig ist, ob man eine Situation tatsächlich erlebt hat oder nur in der Fantasie – die Neuronen im Gehirn wurden mit der nahezu selben Intensität angesprochen.

Als Marathonläufer und Coach im Sportbereich kann ich sagen, dass dieses Wissen schon lange genutzt wird, um über den Trainingseffekt des Gehirns Koordinationsleistungen, die in den meisten Sportarten elementar wichtig sind, zu verbessern.

Achten wir also darauf, was wir uns vorstellen, und trainieren wir zugleich unsere Imaginationsfähigkeit, um zu größerer innerer Harmonie und Gesundheit zu finden und im Außen befriedigendere Ergebnisse hervorzubringen.

Zur Quelle der Kraft finden

Lege oder setze dich bequem hin. Schließe deine Augen, um nach innen zu schauen. Du kannst, wenn du willst, deinen Atem beobachten, jedoch ohne ihn zu beeinflussen. Sieh zu, wie er in dich hinein- und wieder aus dir herausfließt.

Du findest dich in einer wunderschönen Landschaft wieder … Lasse deiner Fantasie freien Lauf, und erschaffe dieses Gelände nach deinen Träumen oder deiner Vorstellung von einer friedlichen, liebevollen, Geborgenheit vermittelnden Umgebung. Wo immer du dich am wohlsten fühlst – jetzt kannst du dich dorthin wünschen. Deiner Fantasie sind keine Grenzen gesetzt, es sollte einfach nur angenehm, bequem und ruhig sein.

Sieh dich um, und nimm all deine Gefühle wahr, die Geräusche, die Gerüche dieser Landschaft.

Nun gestalte diesen Ort in deiner Fantasie noch heimeliger. Wenn du willst, dann errichte dir ein Haus, eine Hütte, vielleicht willst du auch Unterschlupf in einer Höhle finden. Wenn du dich lieber in der freien Natur aufhältst, dann bitte darum, dass die ganze Gegend mit kraftvollem, heilendem, warmem Licht erfüllt wird, das dir Geborgenheit, Liebe und Frieden schenkt.

Von nun an ist dies dein ureigenster Ort der Heilung, der Entspannung und der Regeneration; dein Raum der Stille, der Harmonie, des Rückzugs. An diesen Ort kannst du dich jederzeit zurückziehen, wo auch immer du dich gerade aufhältst. Hier findest du immer Ruhe und Frieden und dein inneres Gleichgewicht. Möglicherweise ändert sich dieser Ort, je nachdem, was du gerade brauchst, aber du wirst dich hier immer ausruhen und neue, frische Energie »tanken« können.

Kehre nun wieder an den Platz zurück, auf dem du liegst oder sitzt, atme noch einmal tief ein und aus, strecke dich, und dann öffne die Augen.

Wenn du deinen inneren Raum der Ruhe häufiger besucht hast und es dir leichtfällt, ihn dir vorzustellen, dann kannst du ihn nutzen, um hier zu meditieren und zu imaginieren, was du gerade benötigst:

1. Gehe in deinen Ruheraum.

2. Visualisiere dort, was du benötigst (Gesundheit, Wohlbefinden, seelischen oder auch materiellen Reichtum, Erfolg etc.).

3. Verlasse deinen inneren Ruheraum wieder, und sei bereit, zu empfangen, was du dir vorgestellt hast.

Die Qualität der Liebe

Maulana Dschalaluddin Rumi, der größte mystische Dichter des Islam, schrieb über die Liebe:

> »DURCH LIEBE WARD DAS BITTRE SÜSS UND HOLD,
> DURCH LIEBE WARD DAS KUPFER REINES GOLD,
> DURCH LIEBE WARD DIE HEFE REIN UND KLAR,
> DIE LIEBE BOT DER KRANKHEIT HEILUNG DAR,
> DURCH LIEBE WIRD BELEBET, WER ENTSCHLAFEN,
> DURCH LIEBE WERDEN KÖNIGE ZU SKLAVEN …
> DIE LIEBE MACHT DAS TOTE BROT ZUR SEELE,
> MACHT EWIG DIE VERGÄNGLICHE, DIE SEELE!«

Über die letzten Jahrhunderte gelangte der menschliche Intellekt zu seiner alles beherrschenden Stellung. Je stärker aber die Ausrichtung auf unsere Ratio wurde, desto größer wurde unsere Sehnsucht nach dem tiefen Gefühl kosmischer Verbundenheit mit allem Sein. Wir sehnen uns nach unseren »Seelenverwandten«.

> WIR SEHNEN UNS NACH DEM GEFÜHL,
> OHNE BEDINGUNG GELIEBT ZU WERDEN.

Die Sehnsucht nach diesem paradiesischen Gefühl treibt uns im Leben oft dazu, Liebe über gute Taten, Leistung etc. erzwingen zu wollen. Ein meist unbefriedigendes Unterfangen, da es uns das gesuchte Gefühl nur kurzfristig verschafft und immer wieder neu erarbeitet sein will. Wenn ich aber an mir selbst arbeite und für mich die Liebe entdecke, so kann ich sie auch dem anderen bedingungslos schenken.

Vor Jahrhunderten waren die Menschen dem metaphysischen Empfinden näher als heute. Die moderne Wissenschaft, die das allgemeine geistige Klima prägt, meint, alle Geheimnisse erklären zu müssen. Das Geheimnis der Empfindung Liebe ist jedoch nicht erklär-, sondern nur fühlbar. Intellektuelle Wortspiele finden heutzutage großen Anklang. Die in jedem von uns angelegte Fähigkeit, etwas zu erahnen und Dinge zu erspüren, wird hingegen eher belächelt. Dabei sind die intuitiven Ahnungen viel näher an den Wahrheiten des Seins und unserer menschlichen Existenz als unser sogenanntes »Wissen«, das nur durch geschickte Handhabung bereits vorhandener Größen artikuliert werden kann. Was kann ich also tun?

Um die Welt zu ändern, musst du dich selbst ändern.
Um dich selbst zu ändern, musst du dich kennen.
Um dich zu kennen, musst du andere kennen.
Um andere zu kennen, musst du lieben ...!

Öffne dein Herz der göttlichen Liebe! So wirst du Gott immer in dir spüren. Wisse, Gott ist in allem und jedem! Suche nicht in der Ferne nach ihm. Du trägst ihn in dir. Gott ist unser innerstes Wesen.

Manchmal ist unser Herz durch zahlreiche schwere Lebensprüfungen hart geworden. Verurteile dich nicht selbst, vergib dir und anderen, und öffne dein Herz. Denke daran: Als du auf diese Welt kamst, hat es im Himmel ein Fest gegeben, und Gott hat gelächelt. Egal, wie dein bisheriges Leben verlaufen ist, egal, woher du kommst, welche Hautfarbe du hast oder welcher Religion du angehörst: Öffne dein Herz, und spüre, dass du willkommen bist! Gott liebt dich so, wie du bist.

In deinem Inneren birgst du deine größte Schatzkammer, deine Seele. Sie benötigt die Liebe, wie der Körper Nahrung und Luft braucht, um zu existieren.

Hier liegt schon alles bereit, was du für dein individuelles Leben zum Glücklich- und Gesundsein benötigst. Im Grunde ist die Liebe unsere ureigene Natur, und wir alle suchen auf die unterschiedlichste Weise nach ihr. Manchmal schlagen wir auf diesem Weg auch Irrwege ein oder machen hier und da einen Umweg. Macht nichts! Du musst nur lernen, wirklich tief in deine inneren Räume einzutreten – in Stille und Dankbarkeit.

Aus diesen Räumen kannst du alles erhalten, was du brauchst, um ein erfülltes Leben zu führen. Besonders wenn wir in schweren Zeiten die Liebe in der Umwelt nicht oder nur unzureichend finden, ist es umso wichtiger, dass wir lernen, in uns zu gehen und die Liebe dort zu finden. Viele haben schon über dieses »größte Geheimnis aller Zeiten« geschrieben, das Geheimnis der Anziehung, die Kraft aus deinem Unterbewusstsein.

Das Schöne ist, dass du diese Kraft nicht erst erwerben oder sie dir erkämpfen musst. Sie ist schon da und wartet nur darauf, wiederbelebt zu werden. Versuche, zu vertrauen – dir selbst, Gott, dem Leben!

In deinem Inneren liegen auch die Antworten auf all deine Fragen bereit. Du musst sie nur anfordern. Leben in Liebe ist dein Schlüssel, um die Gesetze des Universums zu erkennen und zu verstehen.

DIE IMPULSE, DIE ICH IN DIESEM BUCH GEBEN MÖCHTE, SOLLEN DIR WEGWEISER SEIN, DAMIT DU DEINEN WEG, DEN DU SELBST WÄHLST, GEHEN KANNST.

Liebe das Gute, übe Liebe. Sie überwindet alles Trennende. Sie ist das aufbauende Wesen aller Dinge. Liebe ist. Motiviert von der Liebe unseres Herzens können wir nicht mehr bewusst unrecht handeln. Sie führt uns zum göttlichen Bewusstsein.

Die Liebe vereint die Polaritäten des Lebens. Die Liebe öffnet alle Türen und strebt danach, eins mit allem zu werden. Liebe kennt keine Bedingungen. Liebe wertet nicht und urteilt nicht. Sie wählt nicht aus. Liebe ist das Heiligste, was die Schöpfung kennt. Sie lässt deine edelsten Eigenschaften erscheinen. Sie bringt Selbstvergessenheit und verleiht Frieden und Freude ohne Ende.

Die Liebe ist mächtig und alles durchdringend. Sie kennt keine Grenzen, weder in Raum noch in Zeit, denn sie ist der Natur ureigenstes Wirken, das Grundgesetz der Natur und das universelle Band, das alles umschlingt.

Sie bringt die Hartnäckigkeit eines steinharten Herzens zum Wanken und dringt durch den dicksten Panzer, den ein Mensch aufbauen kann.

Nichts kann sie aufhalten und sie verhindern, denn sie ist die Lebensessenz des Alls. Die Liebe ist die große Anziehungskraft, die Menschenherzen miteinander verbindet.

Die reine Liebe ist die Energie, die seit Erdengeburt und weit davor frei und schöpferisch durch unseren Kosmos fließt. Die Liebe ist die Urkraft, die auch alle Materie beeinflusst. Die Wahrheit und die Liebe sind unsterblich.

Die unbedingte Liebe trägt den Bauplan des Lebens in sich und ist allgegenwärtig in uns und um uns herum, sie ist Leben.

Die Energie der unbedingten Liebe gab den großen Heilsbringern der Geschichte die Kraft, Wunderbares zu bewirken. Je höher der Mensch in seiner Selbstmeisterung kommt, desto mehr strömt seine Liebe in alle Dinge, ob groß oder klein, ohne Rücksicht auf Zeit und Ort!

Dein neues Leben in Liebe soll geprägt sein von einem offenen Geist gegenüber den natürlich gegebenen Werten und der gesamten Dimension der spirituellen wie der scheinbar materiellen Welt. Wenn du diesen Weg zu dir selbst gehst, bekommst du das Gefühl und die Sensibilität für die Transzendenz und spürst die Unterstützung deines Weges durch die geistige Welt. Die wahre Religion kennt keinen Fanatismus, keinen Fundamentalismus, kein Dogma, keinen Extremismus und keinen Hass.

Du weißt nichts über die Schicksalsaufgaben des anderen, welchen Teil der geistigen Gesetze er gerade erforscht, deshalb ist es vollkommen unangemessen, ihn zu bewerten.

Dennoch gelten geistige Gesetze, die auch auf der Erde wirken und die sich durch dein Verhalten manifestieren, erlöst oder unerlöst, so, wie du es wählst.

Die Voraussetzung dafür, dass du von anderen Akzeptanz erwarten darfst, ist natürlich, dass du selbst dich bemühst, ein guter und ehrlicher Mensch zu sein. Du erkennst den Baum und seine Wurzeln an seinen Früchten. Deine Worte und Taten sind die

Früchte deiner innersten Gedanken. Vielleicht wirst du deine Heilung in einsamer Meditation suchen. Eventuell findest du sie auch in der Zusammenkunft mit anderen. Die Wege können sehr verschieden sein, doch in der geistigen Welt trifft alles zusammen. Dort begegnen wir uns alle, von gleich zu gleich. Dies sollte dich ermutigen, auch hier auf der Erde die Schranken abzubauen. Sei bestrebt, durch dein liebendes Vorbild ein unzerstörbares Einverständnis unter allen Lebewesen zu erzielen.

So kann dein Herz – genauso wie das Herz eines jeden anderen – das Zentrum der Weltenliebe werden. Hier begegnest du dem anderen von göttlichem Funken zu göttlichem Funken. Hier wandelt sich Akzeptanz in ein Annehmen des anderen, damit ihr beide euch in Liebe und Verbundenheit vervollkommnet. Bloße Akzeptanz wird zur Liebe gewandelt.

ALLES, WAS LEBT, IST EIN KIND DER SCHÖPFUNG, IST MEINE SCHWESTER UND MEIN BRUDER.

Wen du im Inneren berührst, der wird angesteckt von dieser unendlichen Kraft in dir und wird auch heil werden, wenn er den Weg der Liebe erkennt und ihm folgt. Wenn du tief in dir wirkliche Liebe spürst zu allem, was ist, dann bist du ein Heiler.

> IN JEDEM MOMENT, DER ERFÜLLT IST VON DER KRAFT DER LIEBE, REGENERIEREN SICH DEINE ZELLEN UND DIE ZELLEN DER ANDEREN, DIE DU BERÜHRST, AUF WUNDERSAME WEISE!

Es sind nicht die von Menschen gemachten Gesetze, die Erlösung bringen. Der Frieden auf der Welt unter allen Völkern kann nur von liebenden, im Geiste reinen und zu sich selbst wahrhaftigen Menschen gebracht werden. Sei solch ein liebender, wahrhaftiger Mensch!

Es ist möglich, dass du dieses wahrhaftige Sein noch nicht gefunden hast, aber es steckt in dir und wartet darauf, befreit zu werden. Die Liebe wird dich befreien.

Dein individuelles Leben ist dein allerbester Schulungsweg, denn nur durch dein Leben kann die geistige Welt dir die Impulse geben, die dich zu dir selbst führen.

Dein Lohn ist das Wissen, dass du deine Vergangenheit, dein gegenwärtiges Leben und deine Zukunft in Frieden und Liebe leben kannst. Dein Unterbewusstsein und auch dein Höheres Selbst sind bereit, dich in deinem Erkenntnisweg liebevoll zu geleiten und dich zur Wahrhaftigkeit und Weisheit zu führen. Du entdeckst deine wirklichen Aufgaben im Leben und was du daraus lernen sollst. Versuche, in allem, was du tust, das gute Bauchgefühl zu suchen!

Dein Bauch sagt dir genau, was in der jeweiligen Situation gut oder eben weniger gut für dich ist. Du musst dich nur trauen, auf ihn zu hören, und nicht deinem Intellekt erlauben, immer das »letzte Wort« zu haben.

DIE FRAU ODER DER MANN DEINES LEBENS BIST DU SELBST!

Liebe können wir nicht wirklich erklären, aber wir wissen, wie Liebe sich anfühlt. Intellektuell könntest du dieses Gefühl jedoch immer nur unzureichend beschreiben. Jemand, der noch nie Liebe gespürt hat, wäre nicht in der Lage, dieses Gefühl zu verstehen. Nur wer dieses wunderbare Gefühl schon im Bauch und im Herzen kosten durfte, kann empfinden, was du empfindest. Mit Worten wirst du die Liebe nie wirklich erfassen, aber leben kannst du sie.

Und von dem Augenblick an, in dem du in deinem Herzen dieses Außergewöhnliche hast, das Liebe genannt wird, und du ihre Tiefe spürst, ihr Entzücken, ihre Ekstase, wirst du entdecken, dass für dich die Welt verwandelt ist.

Irgendwann werden wir auf unserem Weg zu uns selbst einen ganz besonderen Moment erleben. Ihn zu erreichen ist abhängig von der Fähigkeit, vollkommen loszulassen und sich vertrauensvoll fallen zu lassen, wie ein kleines Baby, wenn es an der Mutterbrust gewiegt wird. In diesem Moment wirst du ein unbeschreibliches Gefühl der Demut und Glückseligkeit erleben, das dadurch hervorgerufen wird, dass du in der Lage bist, das Leben einfach anzunehmen und durch dich hindurchfließen zu lassen. Du wünschst dir in dieser Situation nichts Materielles, sondern kannst einfach im Hier und Jetzt sein, von absoluter Harmonie erfüllt und getragen von einer großen Sicherheit und Verbundenheit mit Gott und der Schöpfung.

In diesem Zustand bist du heil und unverwundbar, denn Gott strahlt durch dich! Du fühlst Friede und spürst, dass alles genau so ist, wie es sein soll.

Sich mit der Schöpfung verbinden

Gehe in die Natur, und finde deinen Baum. Vielleicht ist der Baum an einem Platz, den du kennst, vielleicht musst du dich aber auch aufmachen und ihn suchen. Wenn du ihn gefunden hast, wirst du ihn gleich erkennen können. Er wird zu dir sprechen. Lasse dich führen, und vertraue darauf, dass du deinen Baum findest, denn er wartet bereits auf dich! Wenn du angekommen bist, setze dich an seinen Stamm, und lehne den Rücken an ihn. Bedanke dich bei deinem Baum, dass du ihn finden durftest und dass er für dich da sein will. Bitte ihn ruhig, dir deine Fragen zu beantworten.

Wende dich in Richtung Süden, bleibe aber in Berührung mit deinem Baum, und stelle ihm die Fragen:
Was ist meine Lebensaufgabe hier in diesem Erdenleben? Was ist mein Herzenswunsch, den ich mit auf die Erde gebracht habe? Dann lasse dir die Antworten von deinem Baum schenken. Nimm dir die Zeit, hinzuhören, genieße es, und werte nicht. Es ist richtig, wie es ist. Du wirst spüren, wenn es Zeit ist, deine Position zu ändern und dich der nächsten Himmelsrichtung, dem Westen zuzuwenden. Bleibe hierbei immer in Berührung mit deinem Baum.

Bitte nun mit Wendung zum Westen um Beantwortung deiner Fragen:
Was kann ich tun, damit mein Körper gesund bleibt?
Was kann ich für meinen Körper tun?
Nimm dir wieder Zeit, und spüre in dich hinein, bis die Antworten kommen.

Als Nächstes wendest du dich dem Norden zu und stellst die Fragen:
Was kann ich für meine mentalen Fähigkeiten und Talente unterstützend tun? Was kann ich für meinen Geist tun?

Als Letztes wende dich nach Osten, und frage:
Was kann ich für meine Seele tun?
Was kann ich für meine intuitiven Fähigkeiten Gutes tun? Wie kann ich diese besser wahrnehmen und weiterentwickeln?

Wenn du dir für jede Himmelsrichtung genügend Zeit gelassen und deine Antworten erhalten hast, wende dich bitte noch einmal dem Süden zu, und lasse dich von deinem Baum ein weiteres Mal beschenken. Dieses Geschenk kann ganz unterschiedlich aussehen. Es kann ein besonderes Gefühl sein, das dir gegeben wird, ein besonderer Geruch oder auch ein Gegenstand, den du wahrnimmst, während du am Baum sitzt, und den du vielleicht sogar mitnehmen kannst. Es ist ein Geschenk, das dich die kommenden Wochen begleiten und dich unterstützen wird, die Antworten auf deine Fragen ins Leben zu bringen. Hast du ein Geschenk erhalten, so mache bitte deinem Baum auch ein Geschenk, und bedanke dich für seine Hilfe.

Vielleicht möchtest du jetzt noch beim Baum bleiben, die Antworten notieren oder ein Bild malen, das deine Gefühle zum Ausdruck bringt. In jedem Fall aber solltest du dein Geschenk aufmalen. Nimm dir diese Zeit, lege dieses Bild an einen für dich passenden Ort, sodass du es dir immer wieder ansehen kannst.

Das Ende meines Buches soll der Anfang für dein neues Leben sein. Das folgende Ritual solltest du dir selbst auf ein schönes Blatt Papier schreiben, dieses einrahmen und es als Schlüsselvertrag für deine Gesundheit über dein Bett hängen. Wenn du es über einen längeren Zeitraum ein- bis zweimal täglich liest, wirst du staunen, was es bewirkt!

Abschlussritual zur universellen Liebe

Ich, … (dein Name), nehme alle Gefühle in mir an, akzeptiere sie und höre auf, über sie zu urteilen oder sie zu bewerten.

Ich nehme das Geschenk meiner selbst an, vertraue mir selbst und liebe mich. Ich achte und erlebe die Vollkommenheit einer Situation und nehme jedes Problem, jeden Ärger als Lernaufgabe und damit als Geschenk an.

Ich bin und lebe universelle Liebe.

Ich hebe alle Beschränkungen der Liebe und Fülle auf. Ich bestimme mein Leben und habe die Fähigkeit, wieder ganz ich selbst zu sein und mich bedingungslos zu lieben. So bin ich liebenswert mit allen meinen wunderbaren Fähigkeiten und Talenten. Ich lasse alle meine wunderbaren Eigenschaften sich in meinem Leben entfalten. Ich schließe meine Augen und fühle die Liebe, die in meinem Leben fließt, und die Freude, das Licht und die universelle Lebensenergie, die mich erfüllt, wenn ich die Liebe fühle und weitergebe!

…. (dein Name), ich liebe dich! – Lebe!

Haftungsausschluss

Die Angaben sowie die vorgeschlagenen Methoden und Mittel zur Selbsthilfe wurden vom Autor nach bestem Wissen zusammengestellt. Fehler können trotzdem nicht vollständig ausgeschlossen werden. Inhaltliche Fehler eröffnen keinen Haftungsanspruch gegen den Autor oder den Verlag. Beide übernehmen daher keine Garantie.

Die Inhalte dieses Werkes sind keine Heilzusagen und ersetzen in keinem Fall die Diagnose und Therapie durch einen Arzt oder Heilpraktier. Autor und Verlag distanzieren sich daher ausdrücklich von Heilaussagen und Heilversprechen. Die beschriebenen Methoden und Ernährungsvorschläge sind kein Therapieersatz.

Über den Autor

Aldo Berti ist ausgebildeter Opernsänger, Heilpraktiker, Psychotherapeut, Autor und Coach. Nach der Entdeckung seiner Heilfähigkeiten gab er seinen Beruf auf der Bühne auf, um sich ganz dem Dienst an den Menschen zu widmen. Seit 1997 führt er seine Praxen in Hamburg und Villingen, die von Patienten aus der ganzen Welt aufgesucht werden. In vielen Zeitschriften wurde über seine Heilerfolge berichtet und er war Gast in diversen TV-Sendungen. Seine Heilerfolge sind zum Teil schulmedizinisch dokumentiert. Darüber hinaus unterstützt er mit dem von ihm entwickeltem Emotionalcoaching weltweit Führungskräfte, Sportler und Politiker.

Weitere Informationen unter: www.aldo-berti.de

Von Aldo Berti bereits erschienen im Schirner Verlag

Aldo Berti
Geistheilung und Energiearbeit
Basiswerk der
energetischen Medizin
Mit einem Vorwort von
Clemens Kuby
Paperback, 224 Seiten, mit zahlreichen farbigen Abbildungen
ISBN 978-3-89767-214-7

Nach einigen Jahren der Arbeit, besonders mit sogenannten »austherapierten« Patienten, die mithilfe von Aldo Bertis Methode wieder zu neuer Lebensqualität zurückgefunden haben und in vielen Fällen auch völlige Ausheilung erleben durften, wurde die Frage immer häufiger: »Wie funktioniert Ihre Arbeit, was ist Aura, was sind Chakren, wo kann ich darüber etwas lesen?« Darum entschloss sich Aldo Berti, dieses Grundlagenwerk über seine Arbeit zu verfassen. Das in diesem Buch Beschriebene, hat er selbst erfahren und gibt es auch in seinen Vorträgen und Seminaren weiter.
Er schreibt über Energie und Materie, über Aura, Chakren, Farblehre, Geistwesen und vieles mehr. Im praktischen Teil schreibt er über Visualisierungen, Meditationen und die Technik der Energiearbeit. Ihm ist es gelungen, die verschiedenen Aspekte der energetischen Arbeit umfassend, logisch und gut verständlich darzustellen.

Dieses Buch ist ein Basiswerk der energetischen Medizin, das aufgrund seiner Vielfältigkeit jedem, der damit arbeitet, die Möglichkeit bietet, seine ganz individuellen Talente und Fähigkeiten zu entdecken.

Aldo Berti
Geführte Reisen zur Seelenentwicklung.
Meditationen mit Musikbegleitung zum Buch »Geistheilung und Energiearbeit«
2 Audio-CDs, 94:21 Min.
ISBN 978-3-8434-8084-0

Aldo Berti führt Sie in den Reisen und Meditationen auf diesen CDs in die verschiedensten Lebenssituationen. Je nach Ausgangslage und Reiseziel finden Sie dadurch Ruhe oder Kraft, tiefe Erkenntnis oder Lebendigkeit und vieles andere mehr. Immer aber steht dahinter die bedingungslose, allumfassende LIEBE. Die Heilkraft und Demut in Aldo Bertis Stimme machen jede der von ihm selbst gesprochenen Reisen und Meditationen zu eigenständigen Heilsitzungen. Auf den Schwingen der heilenden Klänge der Musiker Merlino & Takahiro werden Sie in tiefe Schichten Ihres Selbst geführt, wo es Ihnen mithilfe von Aldo Bertis Worten ermöglicht wird, ein Stück heiler zu werden.

Aldo Berti
Sei heil, gesegnet und geliebt!
Heilsame Meditationen.
1 Audio-CD, 52:44 Min.
ISBN 978-3-8434-8247-9

Klang ist die mächtigste Kraft im Universum

Begleitet von den gefühlvollen Klängen der Konzertpianistin Irina Kornilenko nimmt Aldo Berti uns mit auf eine Reise in die Unendlichkeit. Hier überwinden wir die eigene Angst vor dem Tod und gewinnen innere Sicherheit und Zufriedenheit. Die berührenden Worte Aldo Bertis und die intuitiven Solo- und Begleitstücke Irina Kornilenkos erzeugen heilvolle Harmonien, die zu innerem Frieden und Ausgeglichenheit führen.

Aldo Berti
Mantra der heilenden Liebe
1 Audio-CD, 56:50 Min.
978-3-8434-8124-3

Lassen Sie sich mit Liebe, Frieden und Gesundheit beschenken!

Der ausgebildete Opernsänger Aldo Berti singt mit kraftvoller, eindringlicher Stimme das jahrtausendealte, klassische Sanskrit-Mantra »Maha Mrityunjaya«, das als lebenspendendes Heilmantra bezeichnet wird, das Verjüngung, Gesundheit und Wohlstand bringen soll. Dieses Mantra steht für unbedingte Liebe, die Aldo Berti mit dieser CD zu Ihnen bringen möchte. Sie ist Grundlage des Erfolgs für die Heilarbeit in seiner Praxis, deswegen hat ihn dieses Mantra, als es ihm begegnete, sofort inspiriert – er musste es singen!